数字化赛道

工业互联网的思考与实践

赵 伟◎著

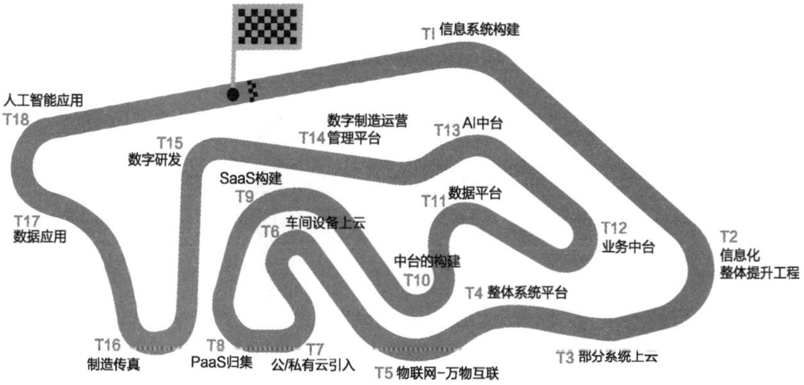

人民邮电出版社
北京

图书在版编目（CIP）数据

数字化赛道 : 工业互联网的思考与实践 / 赵伟著
. -- 北京 : 人民邮电出版社, 2022.4
ISBN 978-7-115-58374-1

Ⅰ. ①数… Ⅱ. ①赵… Ⅲ. ①互联网络－应用－工业
发展－研究 Ⅳ. ①F403-39

中国版本图书馆CIP数据核字(2021)第255028号

内容提要

本书深入浅出地介绍了工业互联网进化的逻辑，围绕传统制造向智造发展的过程，详细介绍了工业的现状和挑战、未来制造行业的思考及工业的进化之路。全书通过翔实的案例介绍了以平台为核心的生产经营转型和服务化转型，具体涉及如何建设和经营一家工业互联网公司、如何构建区域和行业级工业互联网体系及工业互联网如何赋能企业开展数字化转型。同时，本书给出了企业在从实验性到应用性，从概念普及阶段到实践深耕阶段的工业互联网发展历程中，深度整合产业链，合理配置资源，促使工业互联网产业深度整合和优化的整体解决方案。本书适合工业互联网产业链的管理人员、运维人员及高等院校相关专业的学生参考阅读。

◆ 著　　　　赵　伟
责任编辑　赵　娟
责任印制　马振武
◆ 人民邮电出版社出版发行　　北京市丰台区成寿寺路 11 号
邮编　100164　　电子邮件　315@ptpress.com.cn
网址　https://www.ptpress.com.cn
北京印匠彩色印刷有限公司印刷
◆ 开本：720×960　1/16
印张：16　　　　　　　　2022 年 4 月第 1 版
字数：228 千字　　　　　2022 年 4 月北京第 1 次印刷

定价：89.90 元

读者服务热线：(010)81055493　印装质量热线：(010)81055316
反盗版热线：(010)81055315
广告经营许可证：京东市监广登字 20170147 号

序一

过去40年，我一直在学习、研究工业自动化理论和技术。记得我在读大学时就听老师说:“有人认为中国人不能搞自动化，否则很多人无法就业。”今天回过头去想，自动化就是“工业3.0”的基础，我们现在已走在开启“工业4.0”的路上了。过去三十年，中控科技集团的集散控制系统（Distributed Control System，DCS）在国内已有2万多家用户，大到近30万个I/O点的国家重大项目，小到几百个I/O点的小化工项目，见识了各种各样从“工业2.0”到“工业3.0”，乃至部分“工业4.0”实践的存在。近年来，我有幸每年拜访或接待大中小企业领导近百位，让我感到惊讶的是几乎所有的企业领导都在谈数字化转型，而且这种心情不是迎合发展潮流，而是发自企业内在的需求。

什么是数字化转型？什么是智能制造？什么是工业互联网？什么是“工业4.0”？我被问过无数次，也向其他专家请教了无数遍，但始终没有一个令人信服的、准确的定义或表述。我的观点是，与其说不清，还不如淡化概念，追求内涵。

据统计，中国有38万家规模以上（销售收入2000万元以上）制造业企业，还有数百万家规模以下制造业企业，大多数规模以上制造业企业其实还处于“工业2.0”阶段或略高于“工业2.0”阶段，因为其生产过程还处于手动或半自动状态，远没有达到自动化或人机协同的高效生产状态。或许流程工业企业的自动化水平高一些，因为它们大量涉及安全生产和环保要求。离散制造业的生产过程自动化水平显然更低，那些规模以下制造业企业（几乎都是离散制造业）的自动化水平是显而易见的。

没有自动化哪来的数字化？没有数字化哪来的智能化？我理解“工业4.0”是由工业软件驱动的工业革命，因为现在的工业软件不仅仅是一般意义上的管理软件，例如企业资源计划（Enterprise Resource Planning，ERP）、客户关系管理（Customer Relationship Management，CRM）等，而是可以从事产品设计，例如芯片、新药、新材料、新工艺、新设备设计的软件；可以进行生产过程设计与仿真，例如流程模拟、数字仿真、工业工程设计、计划排产等；还可以进行生产过程高效运营与管理，例如安全生产、节能降耗、操作优化、降本增效、提高产品质量等。可以说，未来的制造业完全是架构在各种各样的工业软件基础上的，硬件也是由软件设计和制造的。我们今天的移动互联网时代及未来可能出现的“元宇宙”时代不也是如此吗？

近年来，我国不断提倡“5G＋工业互联网”的智能制造解决路线，“工业互联网”的根本目的是要解决制造业企业的本质需求，例如“安全、质量、效益、成本、低碳”等。工业互联网绝不仅仅是“OT+IT”，更重要的是工艺技术（PT）、设备技术（ET）和自动化技术（AT），只有把5项技术有机融合在一起才有可能解决中国的制造业问题。而这些技术现今都建立在工业软件的基础之上。

如果未来的制造业真的是架构在各种各样的工业软件基础上的，那从“工业3.0”到“工业4.0”的过程中，数字化转型不就是唯一不变的道路吗？中国量大面广的制造业群体如果依然停留在“工业2.0”阶段或“工业3.0”阶段，那中国的制造业如何会有国际竞争力？特别是随着碳减排、碳交易的国际约束力不断增强，我国制造业的竞争力只会下降而不可能得到普遍提升。如何寻找能够大规模、低成本推进制造业数字化转型的道路，我想应该是赵伟写这本书的初衷吧。

在移动互联网时代，我们通过智能手机及其配套的App进入了智能时代。如果我们把一个工厂理解为一部手机，我们就可以把“智能时代”的理解延伸到工业领域，把传统的工厂变成智能工厂或者是“未来工厂”，我们就需要有“工业 App”的生态。我们也不能简单地把工业软件称为工业 App，因为“智能时代”的“毛”（App）是依附于“皮”（Android 或 iOS 操作系统）之上的。因此我们理解工业互联网或智能制造应该也是一个“新工业生态”，而且应该是一个“新工业软件生态”。

鉴于此，赵伟在书中也试图探索并打造一个“工厂操作系统”，其核心是把工厂里的动设备、静设备、物流、能源流、人机操作等所有数据管理起来，形成一个数据底座，构建一个“操作系统”平台，向下连接所有的物理设备，向上支撑所有的应用。通过开源开放，打造工业互联网的“工业软件新生态”，构建基于“工厂操作系统 + 工业 App”的智能制造解决方案和途径。

我和赵伟共事近两年，我们正在探索一条快速、低成本、可大规模复制的道路来助力中国制造业高质量发展。在这本书中，很高兴看到赵伟作为工业互联网的亲历亲践者，对工业互联网的发展提出的属于自己的思考与见解，指出工业互联网的若干思路和高效实践路径，还通过若干在大型制造企业成功应用的典型案例分享，供大家交流。这其中可能还有很多不成熟的观点，也请大家批评指正。谢谢！

中控科技集团创始人、宁波工业互联网研究院创始人兼院长　褚健

序二

未来 10 ～15 年，以数字技术的变革创新及其与经济社会各领域融合创新为主要技术驱动的第四次工业革命将席卷全球，工业乃至实体经济的各个领域将经历深刻的数字化转型，而当前仍在蔓延的新冠肺炎疫情大大加快了这一进程。数字化转型既是技术和商业的变革，也是业务和组织的重塑；既有对现有流程和业务的优化提升，也会引发生产方式、业务形态、产业组织方式与商业模式的变革。本质上，工业的数字化转型是植根于工业各个行业发展演化基础上的数字化变革，工业是本体，数字化是赋能工具，数字化赛道从根本上是工业在数字浪潮下的赛道，既是传统赛道，也是新赛道。而如何从此岸到彼岸成功实现数字化转型？工业互联网是其中关键的路径和载体。

工业互联网在全球兴起已有十余年，我国已进入深耕和推广的快速发展阶段，在此过程中，不仅有系统的理论研究，更有丰富的实践探索。但由于工业体系的博大精深，尤其是我国拥有全球完整的工业门类、庞大的企业群体和产业集群，工业互联网和数字化转型的创新实践一方面极为多元化，模式创新亮点突出；另一方面，如何考虑数字化价值取向，如何选择切入点，如何迭代进化，如何看待从数字角度很热的云、数据、平台、App 等一系列概念，到目前仍然存在很多的分歧。

本质上，工业互联网一定是数据驱动的，但又不只是数据驱动，它会和工业、行业本身结合，包括以下 3 个方面：第一是“数据科学 + 工业知识”创新增强；第二是“数据驱动 + 自动化”生产运营智能优化；第三是“数据驱动 + 信息化”产业链价值链协同优化，这也是工业互联网现在的价值所在，更好地结合传统工业已有体系，形成新的变革模式。

目前，我国工业互联网的应用实践，一方面承载补课提升的功能，另一方面聚焦广阔的资源配置优化，激发模式与服务创新活力。当前工业互联网应用向垂直行业的覆盖更加全面，并逐步由制造业向非制造业延伸，行业工业互联网应用模式和特色路径逐步形成。未来企业将从信息化补课、数字化提升和智能化突破3个方向转型提速，最终实现大中小企业共同向智能化升级方向发展。

《数字化赛道：工业互联网的思考与实践》的作者赵伟是有工业基因而又精通数字技术的实践者和管理者，过去几年一直活跃在工业互联网和数字化转型的一线，对流程工业和离散工业都有相应的实践探索。这本书集中了作者在实践中形成的思考和沉淀，尤其对工业互联网和工业互联网平台的实践等方面有着自己独到的洞察和实践总结，可为产业界提供一个独特的和有价值的参考视角。

中国信息通信研究院院长　余晓辉

序三

2015年，国务院发展研究中心开展了“新形势下我国工业信息化发展战略”的课题研究。考虑到当时国内尚无人研究过工业互联网平台发展问题，我为此撰写并刊发了《尽早启动工业互联网平台项目 抢占国际有利地位》的国务院发展研究中心调查研究报告，呼吁尽早启动国家工业互联网平台项目。

在2018年、2019年的几场工业互联网大型推进会议后，千家工业互联网企业浮出水面，工业互联网平台超过300家，其中不乏中控科技、三一重工、海尔等老牌企业，以及浩如烟海的初创掘金者。

如今，7年时间过去了，赵伟先生请我为他的新书《数字化赛道：工业互联网的思考与实践》作序，感慨之余，我很欣喜地看到，我国工业互联网已经迈出了可喜的步伐，行业内出现了越来越多建设性的声音，工业互联网已往深处走，已往实里落。

正如书中所预见的那样，工业互联网平台将日益成为全球工业制造业的首要基础设施，成为集聚全球工厂、工业产品、市场用户的第一入口。将借助网络效应（或网络外部性），加速全球制造业的“两化”融合进程，无论是处于“工业1.0”“工业2.0”的企业还是“工业3.0”的企业，都将被无奈、无情地“裹挟”到代表“工业4.0”的工业互联网平台之上。

因此，谁控制了工业互联网平台，谁就具备了实时跟踪、优化配置甚至全面掌控全球工业制造业发展命脉的实力。毫无疑问，工业互联网平台将成为全球领导权竞争的核心内容。

我曾多次呼吁，针对当前我国制造业企业水平参差不齐，“工业1.0”“工业2.0”和“工业3.0”并存的现状，要尽早“补课”，实际上，这也是当前我国“两化”深度融合政策的出发点。一个国家只有制造业创新发展了，制造业走在世界前面了，经济才具有真正引领全球发展的实力和能力。工业互联网是中国经济创新发展的主战场。

我看到，工业互联网在发展过程中仍然有很多不确定性。在这个过程中，我们应该坚持一些基本原则：第一，要正确地理解工业互联网平台。我把它理解为一种超一流的实体，它不仅仅是一个企业，更是一个国家，利用新一代信息技术统筹配置国家的工业生产资源的方式和手段；第二，我国发展工业互联网平台，在我国特殊的历史使命的背景下，我们必须走一条中国特色的工业互联网平台发展道路，我们的工业互联网平台要专门解决我国工业制造业发展过程中的问题；第三，当前如何推进工业互联网平台发展有很多做法和模式，对此，赵伟先生在书中已有一些翔实的方法论，可供大家借鉴。

赵伟先生亲历了工业互联网从襁褓到蓬勃发展的过程，在这本书中，有对当下工业互联网现状的犀利剖析，提出了诸多恰合时宜的建设性意见，也有对工业互联网未来发展的深刻洞见，选用了中国企业在工业互联网实践中的成功案例，将一路走来的心得体会娓娓道来，对普及与实践工业互联网有着举足轻重的作用。

希望读者朋友能从书中获取经验与知识，更深入地了解工业互联网，用好工业互联网平台，在激流勇进的浪潮中把握住先机。

是为序。

国务院发展研究中心研究员　李广乾

序四

赵伟先生写了一本工业互联网方面的书。我读后深受启发，借此机会谈点肤浅的看法。

我从事创新工作多年，深知创新不易。成功的创新必须紧抓机会而不是追捧热点。工业互联网的机会到底在哪里？

2015年，我以宝钢知识分子联谊会的名义邀请GE专家到上海市介绍工业互联网。GE公司认为，工业互联网是第三次创新与变革浪潮。但我当时并不真正明白这样的结论是如何得到的。在我看到的案例中，似乎只是把中控室的电脑屏幕搬到了办公室里。本质性的变化到底是什么？

此后的若干年里，我对这个问题进行了长期思考。现在看来，工业互联网的普遍价值在于全面提升工业企业的管控能力，甚至会带动出一场管控融合的技术革命。

日光之下无新事。计算机在工业企业的应用已有几十年的时间了。我们知道，企业内部的计算机系统是分类的、分级的。工业企业的计算机大体上可以分成两类：一类被称为控制系统或自动化系统；另一类被称为管理系统或信息系统。控制系统的决策主体是机器，实时性强但管控范围小；管理系统的决策主体是人，实时性差而管控范围大。我们注意到，即便把这两类系统合并在一起，也存在着空白区域——难以在大的时空范围内进行实时管控。

这个空白区域，其实就是工业互联网的机会所在。

在现代化大型工业企业中，自动化回路有成千上万个。这些回路不停地产生秒级、毫秒级的数据。如果把这些数据传送给远方的管理者或技术人员，既无可行性又无必要性。随着信息通信技术的发展，技术可行性要想有很大的改善，必要性就成为关键：人的关注力有限。即便把这些数据实时地送到人类面前，人类也难以有效处理。

对于这个问题，GE公司提出了应对方案。工业互联网有3个要素：智能机器、高级分析算法、工作人员。换句话说，在人与机器之间增加了高级分析算法。这些算法的本质作用是信息的过滤和提炼：只有当现场出现需要人关注的事件时，才会从“智能机器”中抓取有价值的信息送给“工作人员”。我们不妨将高级分析算法形象地比喻为“机器小秘书”。有了这些“机器小秘书”，人的注意力就不会被淹没在低价值的信息海洋中。

管理能力的提升，对我国工业企业转型升级的意义重大。现代化企业不仅需要现代化的设备和工艺，还需要现代化管理。我国很多企业在装备和工艺技术上已经接近甚至超过国外同行，但总体的技术水平仍然相对落后。导致这种现象的一个重要原因，是我们的管理水平有待提升。管理水平对质量、效率和成本乃至企业文化都有巨大的影响。有关专家估计：企业中20%～30%的成本是管理不善导致的。这就是工业互联网对应的价值空间。

工业互联网可能会带来管理上的革命。北京大学陈龙博士做了半年的外卖骑手，写下了《“数字控制”下的劳动秩序：外卖骑手的劳动控制研究》的博士论文。在他的眼里，真正的管理者是平台而不是人，平台的管理能力比人类强大得多。显然，这样的逻辑同样适合工业。

展望未来，会有越来越多的员工在网上、在家中工作。这种工作方式能让员工远离恶劣的工作现场，更好地兼顾家庭和工作。但这也为管理工作提出了新的挑战。我们相信，这些挑战必然会随着社会和技术的进步不断化解。

这或许就是工业互联网的意义所在。

原宝钢研究院首席研究员，优也科技信息公司首席科学家，浙江大学、上海交通大学兼职教授，教授级高级工程师　郭朝晖博士

推荐语

根植工业、服务工业是工业互联网的出发点和落脚点。推动工业互联网创新发展，是我国制造业数字化转型升级实现高质量发展的基本路径，也是加快中国特色新型工业化历史进程的关键驱动。本书从工业视角出发，从场景需求入手，既是一个工业互联网创新事业开创者的实践总结，也是对工业互联网发展道路孜孜不倦的深入探索。品味工业互联网书香，开卷有益。

中国工业互联网研究院院长　鲁春丛

从产业互联网到工业互联网，如何穿越晦涩的概念迷雾，厘清工业互联网的技术路线和商业逻辑，从战略角度系统思考工业互联网与数字化转型，重新审视工业互联网的技术本质，解耦和重构研发、制造、服务等传统业务模式。相信赵伟先生的新书会帮助大家找到答案。

工业和信息化部电子第五研究所副所长　王蕴辉

今天人们认识数字化有两种思潮，即从概念出发和从实践出发。赵伟先生新书的重要价值在于，面对纷繁复杂的“新概念雾霾”，牢牢锁定“实践之锚”，从实践中来，到实践中去，这源自其长期扎根一线的经历和敏锐的洞察。

阿里研究院副院长　安筱鹏

数字经济已进入发展黄金期，是经济高质量发展的必然选择，工业互联网已成为产业转型升级的创新路径，通过场景化应用、生态化发展，工业互联网构建起新生态，创造出新价值，重塑了工业价值循环。

赵伟先生的新书，以其多年的数字化实践经验，对工业互联网进化逻辑、如何从制造向智造发展进行了深入思考，是工业互联网赋能企业数字化转型的实践参考。

海尔卡奥斯物联生态科技有限公司董事长 陈录城

现在越来越多的工业企业从自身需求出发，面向未来智造，探索基于工业互联网的数字化转型。工业互联网赋能制造业，可以带来产业效率提升和商业模式变革，尤其加速促进了以中小企业为主的地方产业集群高质量发展。本书分享了基于大量工业互联网应用的实践和思考，从案例现象中总结发展规律，以实践不断论证模式和方法论，代表了一个“工业互联网老兵”的感悟和洞见，值得一读。

中控科技集团总工程师、浙江蓝卓总经理 谭彰

这本书从消费互联网和工业互联网联动的全新视角，为数智化助力中国产业升级提供了不同的思路和综合解决方案，对关心这一议题的各界人士具有重要的参考价值。全链条连接、数据贯通、以客户为中心等理念和方法，在本书中也通过总结分析和案例说明，直击要害，为工业互联网相关难题的解决贡献出新方案。

重庆忽米网络科技有限公司 CEO 巩书凯

在科学研究中，从方法论上来讲，都应“先见森林，再见树木”。当前，工业互联网研究与应用方兴未艾，技术迅猛发展，可谓万木争荣，日新月异。对于工业互联网的从业者来说，在广袤的知识森林中，系统梳理脉络，才能更好地把握趋势。

我非常佩服本书的作者，他的经历非常丰富，他的观察，思考，提炼很有意义，看了很受启发。作者的文字功底扎实，文章读起来非常轻松，行云流水般的语言给我们展现出一幅幅美丽的工业互联网应用场景，时不时地引经据典又丰富了文章的内涵。

用友网络科技股份有限公司副总裁、工业互联网产业联盟副理事长　杨宝刚

赵伟先生把握当今工业互联网发展的时代特征，紧贴数字化转型的企业需求，基于丰富的工业实践经验和深厚的技术情感，以及多年的工业互联网从业经历，阐述了对工业互联网的思考过程与实践心得，能写出这一本集技术、经济、时政、案例等丰富内容于一体的书相当不容易。全书内容深入浅出，始于提问，终于总结，观点鲜明，启发思考，推荐阅读。

走向智能研究院执行院长　赵敏

工业互联网作为新一代信息技术与制造业深度融合的产物，从概念普及走向行业深耕的几年时间内，日益成为制造企业数字化转型的关键支撑。但工业互联网的应用仍有很多待解难题，需要业界不断探索才能真正将其打造成为工业发展的“金钥匙”。很高兴看到赵总以其独特视角撰写的《数字化赛道：工业互联网的思考与实践》这样一本深入浅出的书籍，让IT语言变得更宜人、更易读，也会触动更多的人在热潮之下冷静思考工业互联网的发展，推动工业互联网的创新发展，为数字化转型赋能。

e-works数字化企业网总编CEO、华中科技大学兼职教授　黄培

本书是一本实战型的教科书，是当前市场亟须的参考资料。我读完本书，能深刻领会到赵伟兄的工业互联网情怀，正是他在华为、徐工、腾讯、蓝卓等企业的工作经历，可以从多个视角观察工业互联网的发展，将理论转换成常识，让更多的智能制造和工业互联网参与者从中受益。根据工业和信息化部信息通信发展司统计结果，工业互联网平台有向综合型、行业型、专业型发展的趋势，尤其是区域工业互联网平台和垂直行业工业互联网平台的大量涌现，且取得了许多实践成果，未来可期！希望我们这些工业互联网从业者再接再厉，加快工业互联网进入实践深水区。

腾讯云工业云总经理、深圳市工业互联网行业协会会长　李向前

仔细拜读了赵伟的《数字化赛道：工业互联网的思考与实践》一书，感慨良多。赵伟是工业互联网领域的一员老将，也是工业互联网一线积极的践行者，先后经历了三个工信部认定的国家级“双跨”平台的建设和市场拓展工作。在每一次和他的交流中，我都感受到他对这个行业的务实认知和不懈的努力，我们需要太多务实和积极的人来推动这个行业的良性发展。本书中的分享和思考，既是其真实的心声，也是这个行业的一些状态，相信一定能带给大家一些思考和启发，工业互联网终将是企业“智改数转”的最有价值的服务载体。

紫光云引擎科技（苏州）有限公司总经理　赵铭远

国家“十四五”规划中提出将工业互联网作为数字经济重点产业，我国工业互联网的发展已经进入快车道。本书为广大读者勾勒了一个理解工业互联网的产生、发展及未来演变的全景图，并试图从方法论和实例角度剖析工业互联网未来进化方向，相信可以为我国数字化转型和工业互联网发展提供思想的启迪和路径的参考。

工业和信息化部电子第五研究所软件质量工程中心副主任　陈平

名可名，非常名。工业互联网作为工业技术和信息技术深度融合的新兴产业，成为国家产业布局的新方向、行业数字化转型的新焦点、领军企业竞争的新赛道。工业互联网产业尚处于百花齐放、百家争鸣的早期发展阶段，实践是检验真理的唯一标准。赵伟兄是工业互联网创新模式的实践者、产业发展的观察者和行业机理的悟道者，凝结了其多年心血著就此书，既有来自一线实践的“热经验”，又有对产业未来发展的“冷思考”。道可道，非常道！

航天云网天智公司总经理、中国纺织行业工业互联网联盟副理事长　纪丰伟

“工业互联网”已成为近年社会上的热词，但“工业互联网”到底为什么、是什么、怎么做，业界仍然没有形成清晰、统一的共识。本书很好地诠释了以上3个问题，用两个字概括就是“全”“实”。“全”是本书覆盖了工业互联网的方方面面，既有理论，又有思考，还有路径。“实”是作者实事求是地分析了现状和挑战，有实践，有实例。在大家探索工业互联网赋能企业高质量发展的迷雾中，点亮了一束光，为工业互联网服务提供商的发展提供导航，为工业互联网应用企业提供经验。

上海电气集团数字科技有限公司执行董事、总经理　程艳

工业制造业是数字化的主战场，工业互联网是中国制造业转型升级的重要手段。源于工业，用于工业；源于场景，用于场景，这是本书秉持的底层逻辑。思考，是基于工业互联网一线从业者的智慧沉淀；实践，是制造强国数字化的现实升华。赵伟先生通过文字再现了中国制造业数字化转型的全景，言之有物、读之有益。

深圳工业总会主席团主席、华制智能董事长　夏妍娜

推动数字技术与实体经济深度融合，是发展数字经济、构建数字世界的战略选择。工业互联网正是数字技术与工业经济融合发展的创新业态与最佳实践。赵伟先生的新书，以其长期一线耕耘为基，对工业互联网的发展路径、产业关键做出思考，是工业互联网人最“接地气”的洞察与分享。

工业互联网世界、《通信产业报》全媒体总编辑　辛鹏骏

本书作者赵伟先生是一位着眼长期、低调自律的产业专家，深知实践数字化转型需要不急于求成、务实守拙的坚韧。他通过大量的调研和亲身实践，提出了发展工业互联网的新思路：通过生产端和非生产端的共同发力，找到工业企业的共性需求，以此为突破口和着力点，开展工业互联网相关应用。如何创立一家工业互联网公司？如何经营好一家工业互联网公司？如何建设区域性工业互联网平台？在本书中都能找到你想要的答案。

物联网智库创始人、云和资本高级合伙人　彭昭

工业互联网是制造企业数字化转型的重要抓手和有效手段。本书基于作者深厚的工业背景和多年的工业互联网实践经验，深度而系统地剖析了制造企业基于工业互联网进行数字化转型的内在逻辑、方法、路径及案例，并在如何建设和运营工业互联网公司等方面给出了很多中肯而有建设性的分析与建议。本书理论结合实际，视角独到，内容深刻，富有启发性，值得数字化转型进程中的制造企业、工业互联网从业者与爱好者一读。

北京兰光创新科技有限公司董事长、
机智互联（北京）科技有限公司创始人　朱铎先

赵伟先生的《数字化赛道：工业互联网的思考与实践》一书凝练了一个具有工业基因人的工业互联网观察、观点和实践经验，很好地阐释了中国工业互联网的前世今生，展望了未来。值得高兴的是，本书也非常客观地指出了当前工业互联网发展中的一些“弊端”，也从企业视角、用户视角给予了工业互联网发展的方向指引，在工业互联网从一个“概念”，到快速“膨胀”，再到真正“开花结果”的过程中显得尤为重要，这有利于我国工业互联网的健康、长期发展。赵伟先生所在的中控蓝卓也是一家具有良好工业基因和信息技术沉淀的工业互联网企业，以务实的作风和“长期性”思维，推动着制造业的数字化转型。作为浙江省的企业数字化的促进机构，我们愿意与赵伟先生一道为推动工业互联网在浙江省的落地生根做出努力。

浙江省企业信息化促进会秘书长、浙江省图灵互联网研究院院长　傅正

工业互联网这个词被提出的近十年里，无数工业人在不断地探索工业数字化转型的路径；无数 IT 人在实践中寻觅链接数字化和工业化融合的钥匙。他们的所思所为必将铸就人类文明发展的基石！

本书作者书写下这一探索历程，是希望有更多的伙伴参与到这个伟大的事业中来！工业互联网赋能工业数字化转型之路，需要有更多的人，用精益求精、水滴石穿的精神和方式去不断尝试、突破，才能最终引领人类社会走向更美好的未来！

上海市工业互联网协会秘书长、

工业互联网产业联盟上海分联盟常务副秘书长　王旭琴

我和老赵曾经共事过，老赵在工业互联网领域有着丰富且多元化的经验，他对工业互联网的未来有着透彻而独到的见解，这是一本工业互联网从业者的必读佳作。

南京工业互联网产业联盟常务副秘书长、

前徐工信息工业互联网事业部总经理　周翔

自序

工业与信息技术融合的奇妙之旅

工业情怀的起源

我对工业的情怀始于基因。

我出生在20世纪80年代的一个煤矿家庭，小时候一直生活在矿区，在煤矿子弟学校上学，同学的父母大多在煤矿工作，我和同学们学习、游玩、运动都是在矿区中，矿区就像一个小社会，将人们的工作和生活完美地融合在一起。

我父亲的工作是生产井下挖煤用的支架。支架架设在巷道内，主要用于煤矿井下工作面开采支护顶板，保护设备和煤矿工人的安全。我小时候经常去父亲的车间，他是车间主任，常常见到他带领工人干活，整个车间总是一派热火朝天的景象，工人们搬运各种各样的大铁块，用各种工具对铁类制品进行分解和加工，铁锤的声音和电焊的火花交替出现，有的工人在讨论技术细节，有的工人在测试工作原理，有的工人在组装，有的工人在休息，他们挥汗如雨、热情似火，描绘着一幅迷人的、多姿多彩的画卷。现在回想起来，我依然留恋这样的情景，铁块、锤子、电焊枪、卷尺都是亲切的，车间的机油味、工人身上的汗味都是香的，我现在依然会回味这如梦似幻的场景，以至于我工作以后，只要见到穿着工人衣服的人，就会觉得特别亲近，只要去工厂调研，就想去车间看看，感受当年如火的激情。现在父亲退休了，每次和父亲喝酒聊天，说起那个年代的工厂生活，他都饱含深情，有说不完的话。

20世纪80年代是一个辉煌的年代，全民大工业化尚未衰退，手工与机器生产并存，电子行业正在发展，有机化工等重工业已经完善，那时候的人们在炼钢厂、汽车厂上班，听收音机，看电视，穿的确良布料的衣服，用手工打造的菜刀，跳现代舞，每个人对未来都充满好奇，充满希望，时代正大踏步向新奇的未来进发……

我一直觉得20世纪80年代有一种“蒸汽朋克”的美感，在那个年代，我把对工业的情怀深深地刻在了骨子里，也正是自己在这个时代的经历和对这个时代工业的情怀，促使我产生了为工业效力的决心。

信息化浪潮的奔涌

后来，我进入大学，学习了计算机方面的专业知识，开始在信息技术的海洋里遨游。

那个年代的信息技术刚刚起步，互联网刚刚开始发展，移动互联网还没有出现，人们使用的移动介质大多数是软盘，其存储空间非常小，还没有出现移动硬盘和云空间等，那时人们普遍使用座机，很少用手机，网络通信还是2G。

我深深地记得，从2G时代到3G时代，我一直没有想通3G是如何颠覆2G的，在3G牌照发布的前夜，我和我的一个好朋友一起在路边摊吃饭，聊到创业，聊到3G，我们怎么也想不通在3G时代人们是如何通过手机购物的，那个年代我们已经熟悉了通过电脑浏览淘宝、京东等网站去购物，电脑屏幕大，我们可以仔细看出商品的具体细节，并决定是否购买这个商品。但是，通过一部小小的手机去购物，屏幕小，看不清，在技术上无非就是PC端网页的手机化，或者使用无线应用协议技术，体验效果不好，我们当时认为，移动互联网也就那么回事，翻不起大浪。

那个时代是互联网大行其道的时代，国内出现了很多家互联网巨头公司，互联网经济逐渐成为国内经济的支柱。

可是，移动互联网的巨浪还是来了，3G的出现，各类应用的移动化成为潮流，电视、游戏、教育、办公统统都移动化，PC 时代成为过去，移动互联网时代来临，仅用几年的时间，社会便经历了“过山车”似的发展，不断地更新我们在 PC 时代建立的互联网概念和体系，让我们逐渐认可和熟悉了移动互联网。

后来，云时代来临，我在华为工作的时候，华为成立了云业务的 BU 部门，我在腾讯工作的时候，腾讯成立了云与智慧产业事业群，专门开展云业务的拓展，云业务规模突破 100 亿元。

往事历历在目，信息时代的发展非常快，快到仅仅几年就能够颠覆我们原来的生活模式，虚拟经济给了我们每个人快速革新的机会，身处其中的我们既恐慌又兴奋，我们每个人在奔向远方的路上小心翼翼，抬头望向远方，露出了充满渴望的微笑。

最近几年，随着工业互联网时代的到来，以互联网、移动互联网和云计算为代表的 IT 行业发展速度逐渐慢下来，消费互联网红利见顶，各行各业也在逐渐回归理性，虽然虚拟经济在一定程度上带来了一些问题，但是，在这个过程中，社会积累的各类技术突破、产品突破和人才供给也在一定程度上为新一轮工业互联网的发展做好了支撑。

工业和信息技术的奇妙融合

我始终认为，我从事工业互联网行业是一个必然的结果。

小时候在矿区的成长经历孕育了我对于工业的情怀，而互联网等信息技术的发展和从业经历又给予我对于互联网等信息技术能力的理解和掌握。

2011 年，工业和信息技术奇迹般地交融了。

随着我陆续在工程机械的头部企业徐工集团和流程化工智能化头部企业中控科技集团工作，我逐渐从负责企业信息化的支撑，到负责企业整体信息化的规划，从一个普通的技术开发、项目经理，到销售专家和解决方案专家，再到成为一名管理者和决策者，我的过往经历和能力在工业互联网时代奇妙般地融合了，真是恰逢其时！

这几年我越来越多地参与各类项目的运作，与不同客户开展交流，在各大行业专题会议中发言，我在和各类专家学者的交流中获益匪浅。我尤其喜欢去现场拜访客户，我相信稻盛和夫说的“现场有神明”，在和客户深度的交流和沟通中，我学到了很多知识，也深刻感受到工业软件、工业互联网和智能制造等新一代信息技术是如何帮助工业企业的。

我一直定义我自己是一个行业的“观察者”，我把我的经历、见闻及我的思考、实践总结成文字并分享出来，希望对大家有所帮助，我也希望大家能够和我一起成长。

前言

十年来，有这样一个产业在悄然产生，它就是工业互联网。工业互联网的产生是人类追求美好未来的结果。

作为人类经济社会运行底座的工业，现在需要迈入另一个阶段：从粗放到精细，从割裂到贯通，从无序到有序，从平凡到智慧，我们正大踏步地迈入未来智造的征途……

作为支撑工业发展的良药之一，工业互联网不断被市场接纳和包容，被越来越多的客户认可，被越来越多的企业大规模应用，工业互联网产业正呈现百花齐放、万物生长的蓬勃态势。

可是，在这个过程中，我们对于工业互联网的了解到底有多少？对于工业互联网的背景、知识和价值的认知是否清晰？我们有没有从历史经验的角度看工业互联网？我们有没有很好地思考过工业互联网未来的路该如何走？这些都是广大工业互联网从业者需要深入思考的问题。

我认识的工业互联网从业者普遍存在多种情绪，时而焦虑时而兴奋，时而骄傲时而惭愧，时而愤世嫉俗时而热泪盈眶。工业要讲的故事太多了，工业互联网未来要讲的故事也太多了。

本书的内容并非杜撰，大部分是我的亲身经历：有些内容是我根据经历自我反思后写下的，有些内容是我根据亲自操盘过的项目总结的经验，有些内容是我和各领域专家交流获得的灵感，有些内容是我根据行业发展和特性总结的系统方法，有些内容是深夜无人时我一个人冥思苦想的感悟……总之，作为工业行业从业者，我秉承了工业行业从业者一贯的优良特性：没有调查就没有发言权。

本书共分为4章。

第一章主要讲述工业互联网的发展现状与挑战，介绍了工业互联网的由来，通过向读者介绍工业的过去和现状，推导出工业互联网出现的必然性结论，并对现在遇到的一些挑战进行分析和总结。

第二章主要根据对工业互联网过去的认知推演出工业互联网的未来，并对未来的发展开展深度思考，谈一谈过去才能走好脚下的路，想一想未来才能走快脚下的路。

第三章具体介绍了工业互联网进化发展的方法论，这些方法体系的构建普遍适用于商业模式的开拓及区域、行业和企业业务的开展，很多是我过往经验的总结，我建议读者仔细阅读，一定会大有收获。

第四章主要通过部分实践案例进一步论证方法论的正确性，包括生产经营转型和服务化转型等案例，这些案例是我实际了解和经历过的，具有典型意义。

附录收录了我在一些工业互联网大会上的演讲发言和我发表过的论文，仅供读者参考阅读。

我并不希望本书是一本非常专业的书，我希望它是一本集科普和实操指南相结合的书籍。如果广大读者能够饶有兴趣地阅读这本书，并在阅读之后会心一笑，既觉得有趣，又学到了知识，我想本书的价值就实现了。

最后，我真诚地希望这本书对广大读者有所帮助。

目录

第一章　工业互联网的发展现状与挑战

第二章　未来思考

第三章　进化之路

第四章 实践案例

附录

第一章
工业互联网的发展现状与挑战

|知道从哪里来，才知道往哪里去|

我国工业转型升级面临很多新的挑战，工业是整个国家发展的引擎，也是一个国家国内生产总值（Gross Domestic Product，GDP）重要的组成部分，在整个产业结构中占据非常重要的位置。纵观全球，工业的发展起到承上启下的作用。工业革命以前是农业支撑着整个世界经济向前发展，但是自从进入工业文明以来，整个世界经济的发展进入一个新的阶段，工业引擎的作用会越来越明显，工业文明对于世界文明也会越来越重要。

工业的发展大致分为 4 个阶段。

第一阶段是“工业 1.0”。18 世纪 60 年代至 19 世纪中期，通过水力和蒸汽机实现的工厂机械化被称为“工业 1.0”。这次工业革命的结果是机械生产代替了手工劳动，经济社会从以农业、手工业为基础转型到以工业和机械制造带动经济发展的模式。

第二阶段是“工业 2.0”。19 世纪后半期至 20 世纪初，在劳动分工的基础上采用电力驱动产品的大规模生产被称为“工业 2.0”。这次工业革命通过零部件生产与产品装配成功分离，开创了产品批量生产的新模式。

第三阶段是“工业 3.0”。“工业 3.0”始于 20 世纪 70 年代并一直延续至今，电子与信息技术的广泛应用，使制造过程不断实现自动化。自此，机器逐步替代人类作业，不仅接管了相当比例的体力劳动，还接管了一些脑力劳动。

第四阶段是“工业 4.0”。德国学术界和产业界认为，未来 10 年，基于信息物理系统（Cyber Physical System，CPS）的智能化，将使人类步入以智能制造为主导的第四次工业革命。产品全生命周期和全制造流程的数字化，以及基于信息通信技术的模块集成，将形成一个高度灵活、个性化、数字化的产品与服务的生产模式。

但是，从“工业 1.0”到“工业 4.0”的发展过程中，工业的发展面临着很多挑战。我国 2019 年 500 强企业的行业分布数据显示，信息技术行业公司达 88 家，金融行业公司达 82 家。以市值计算，金融行业处于领先地位，达到 14.77 万亿元，占比 29.92%；信息技术行业排名第二。而作为整个国家 GDP 引擎的工业，市值占比不到 10%！快速变化的世界，行业的低门槛，使中国制造业时刻面临很多转型的挑战。

第一，人口红利的削弱。中央财经大学人力资本与劳动经济研究中心发布了《中国人力资本报告 2020》，报告显示，从 1985 年到 2018 年，我国劳动力人口（包括学生）的平均年龄从 32.2 岁上升到 38.39 岁。劳动力人口逐步老龄化。招聘工人越来越难、成本越来越高，普通焊接技师的收入已经超过万元。现在，很多年轻人宁愿送外卖、做酒店门童，也不愿意到工厂里当工人，他们认为在工厂晋升空间小、不自由、社会地位低、工作劳累、工资低，人们的理念在发生变化，人口红利逐渐削弱。

第二，实体经济空心化。很多人投资不愿投给工业，但愿意投给房地产、互联网等虚拟经济领域，这是因为投资虚拟经济企业的回报周期比较短，收益比较大，而涉及工业企业的投资，收益比较低，回报周期长。

第三，大而不强。我国很多工业企业看似强大，但核心技术没有掌控在自己手中，例如装备制造行业的发动机、液压系统、电控系统和可编程逻辑控制器（Programmable Logic Controller，PLC）系统等，企业看似规模很大，收入、利润不错，但是长久发展后劲不足，反而是一些在全球范围内某个角落里的行业“隐形”冠军，其规模并不大，但掌握核心技术，它们产品的市场占比和利润非常高，甚至已经发展成为百年企业。

第四，成本上升、利润下降。利润降低，企业发展困难，以前一个产品卖 100 元，有 50 元的利润，而现在一个产品卖 100 元，可能只有 10 元甚至 1 元的利润，工业企业的生存愈加困难。

第五，传统营销渠道落后。很多工业企业现有的营销渠道还是传统营销模式。这些传统营销模式包括直营、经销和代理商模式。但现在电商和社交类渠道“去中心化”越来越明显，传统营销渠道已明显落后。

对全球而言，在制造业的变革浪潮中，一些制造大国都在把握先机，这将是一场在全球化、标准化体系下的制造业转型升级竞赛，美国的“智能制造”、德国的“工业 4.0”、日本的“精益生产”和中国的“两化”融合都在全面推进制造业的发展。

另外，我国“两化”融合的提出，在特定历史阶段起到了非常重要的作用，这是开展工业互联网的起源，也为工业互联网的发展奠定了基础。“两化”融合的起源是工业化和信息化的融合，但是随着技术和产业的发展，现在又进入一个新的阶段，**即工业化与互联网化的融合，推演出工业互联网。**

在互联网的发展过程中，从 20 世纪 70 年代阿帕网（ARPANET）研究开始，到传输控制协议 / 互联协议（Transmission Control Protocol/Internet Protocol，TCP/IP）技术的发展，到万维网（World Wide Web，WWW）的创立和 2000 年的社交网络，再到移动互联网、云计算、大数据、物联网的发展，互联网的发展经历了从学术研究到生活服务再到生产服务的转变。现在人类社会到了一个新的发展阶段，即工业化和互联网化的深度融合，工业互联网这个新的模式出现了，我相信这是一个“一网到底”的变革。在这里，我提出两个概念，即消费者互联网和工业互联网。消费者互联网的连接主体是人，服务质量要求的是量力而为，快速迭代，安全要求相对较高；工业互联网的连接主体是机器设备、人和场景等，服务质量要求非常可靠，安全要求更高，因为一些涉及生产环节的系统要求实时性，而且对安全性和保密性的要求也是非常高的。

因此，在新旧动能持续转换的时代背景下，需要有效利用工业互联网实现跨产业的深度融合，充分发挥工业互联网跨产业的特点和优势，为工业高质量发展做出应有的贡献。

总结

工业互联网是推进工业数字化转型、高质量发展的必由之路。随着工业的发展，规模经济逐渐失效，工业企业想要扩大产能需要建设厂房、招聘工人、构建信息系统，然后购买设备并开始生产，这实际上是一种落后的规模经济发展方式。我们可以用数字化能力，在不增加厂房的前提下达到提质、降本、增效、安全和环保的目的，数字化转型及工业互联网的助力，会使企业达到提高生产效率、降低人员成本的目的。制造业存在着大量冗余，整个行业的发展趋势是由增量市场转变为存量市场，如何保增量、促存量是企业面临的非常重要的课题，因此在以上提出的这两个趋势下，一家企业如果想要有所发展，就要**用好数字化工具，做好数字化战略，成为数字化企业，开展数字化业务**。在这个过程中，工业互联网是一个非常重要的抓手。

因此，企业要重视工业互联网的落地，正确回答好以下7个问题，即**数字化转型的挑战，工业企业高质量发展的基础，工业企业高质量发展的核心要素，什么是真正的高质量，如何帮助客户走向高质量，针对高质量发展的解决方案，对于数字化转型的反思、作用和价值**。

对于企业来讲，要更加关注业务的驱动力，包括业务增长、关注客户的诉求、提高生产效率、制订产品上市的策略、做好成本管理等，需要使用多种技术手段，包括大数据智能分析、全价值链的制造执行和智慧营销客户管理等，从而达到降本增效、创新增收的目的。

因此，我们可以看到工业互联网对企业转型发展非常重要。我国大部分的中小制造企业处于“工业2.0”阶段，另外还有部分企业在向“工业3.0”阶段过渡，自动化水平不足、信息化水平刚起步是大多数企业的现状。未来，企业需要做的事情就是对工业企业进行全面的需求分析，对一些企业做一些自动化提升工作，例如打造智能产品、建设智能物流等，还要加大信息化建设，保存企业市场数据、管理数据和产品数据等主要数据，用新方法、新技术找出提升企业核心竞争力的关键点。

工业互联网起承转合的逻辑

工业互联网自2016年以来就非常热门，虽然其间经历过一些波折，但目前来看发展势头尚好。我一直在想，一个行业的发展肯定是有规律可循的，所有的结果都是有原因的，所有的未来都是在过去铸就的，所以，我一直想通过走过的路，去探索未来的路，希望我们每个从事工业互联网的人都走上正确的发展道路。

行业格局和方法论

工业互联网行业发展路线如下。

卡位→泡沫→落地→培育

卡位：目前在工业互联网行业崭露头角的公司基本上是当初卡位卡得非常好的公司，它们积极跟随国家和地方政策发展，利用自身的工业经验去包装自己对工业的理解，然后打造行业解决方案，前期没有所谓的行业细分，那时市场缺乏实际案例素材，所以也会助力工业方面的宣传，同时也通过这些案例不断验证决策的正确性。

泡沫：前期的卡位阶段已经确定了一些标杆企业，行业热度逐渐升温，很多企业都想进入工业行业。这些企业包括传统的自动化厂商、软件服务商、云服务商、制造业企业等，工业行业中逐渐出现各种看法、观点，这是百花齐放的阶段，对工业行业的发展也是有利的。

落地：随着工业行业对工业互联网的认知越来越深入，仅仅停留在口号上、概念上的工业互联网已经无法满足工业发展的实际诉求，行业迫切需要看到落地案例和实际效果，工业互联网企业需要走深务实，不断落地实际案例，切实为企业带来实际效益。

培育： 经过落地阶段，很多有实力的企业浮出水面。落地阶段要本着实事求是和求真务实的态度，真正为工业带来利益价值，具有好的产品、好的创新模式的企业就应该受到全行业的欢迎。

起——“两化”融合（好的开始）

如果没有“两化”融合的全面推广和发展，就会丢失工业互联网的源头，正是因为“两化”融合的兴起，才带来了工业互联网的蓬勃发展。“两化”融合示意如图 1-1 所示。

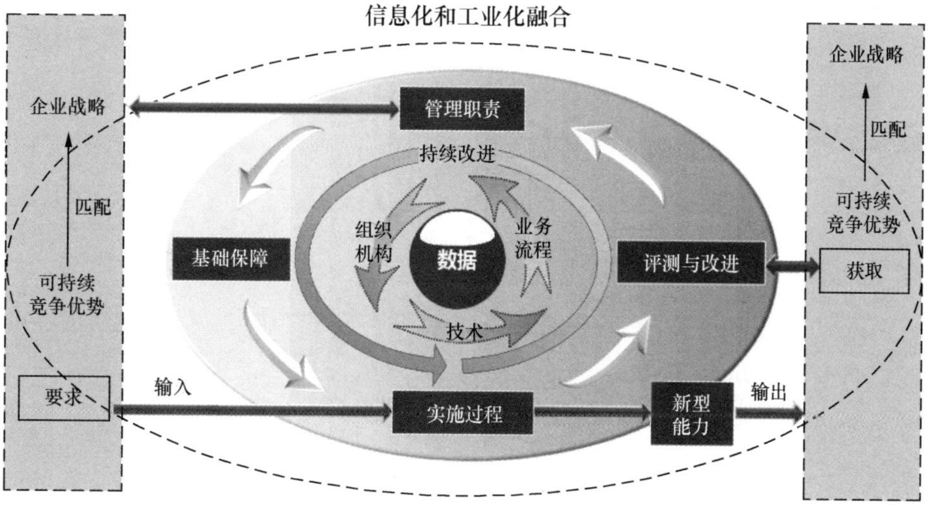

图 1-1 “两化”融合示意

“两化”融合给工业互联网带来了以下 3 个发展契机。

1. 扫盲，打基础

通过“两化”融合，很多企业开始感受到信息化对于工业的作用，很多企业也通过“两化”融合培养了一批企业内部的信息化人才，也为未来数字化转型奠定了基础。

2. 引入客户认知，上升到战略层

“两化”融合体系非常清晰和有效，如果按照这样一条路径规划和发展，对企业的数字化转型非常有利，在政府大力推进“两化”融合的过程中，很多企业全面了解了“两化”融合的内涵，初步认同和接受了信息化对于工业的作用，部分企业甚至将“两化”融合上升到企业战略层面。

3. 好的开头是成功的一半

如果说数字化转型是企业所追求的，那“两化”融合就是一个非常好的开端，“两化”融合对行业和客户的认知、理论、方法、路径等全面导入和提升，也为未来的智能化发展奠定了非常好的基础。

承——工业互联网（传承发展）

工业互联网是“承”的角色，既不是起源，也不是终点，而是过渡，我们要知道我们来自哪里，也要知道去往哪里。

工业互联网包含平台、网络、安全，甚至工业自动化、信息化建设等，所以目前我们讲的工业互联网是一个范化概念，包含的内容非常多。我认为工业互联网是一个补齐短板的工具和方法，是打好数字化基础阶段的前置条件。

转——数据化和数字化（走上正途）

我认为这个阶段非常重要，当工业企业完成了基础能力（包括自动化、信息化等）建级后，就会产生大量数据。如何合理、有效地利用这些数据去支持生产、销售、研发等，是企业要重点关注的问题。

随着工业互联网的纵深发展，企业越来越离不开数据，越来越依据数据，很多决策、控制、生产生活等都需要数据支撑，最终数据将全面主导工业企业的一切，从而走向全面智能化阶段。

合——人工智能（光明大道）

目前，很多企业已经在各个领域基于AI技术提升产品质量，促进产品工艺流程、降本增效等，AI会越来越多地服务于工业企业，对生产、企业决策、产品优化迭代升级、营销市场布局等方面发挥关键作用。

总结

理论上讲，工业互联网的最终客户一定是企业。前期阶段，众多工业企业是在补课，补齐自己的网络能力、技术能力、自动化能力和信息化能力，当这一过程成为常态，就会出现未来工业中非常重要的基础设施——数据。下一个阶段就是如何利用数据产生价值，最大化挖掘数据，利用数据为企业带来价值。

在这个过程中，我大胆预测一下，未来3～5年，工业出身的企业会成为工业互联网行业的主力军，因为它们了解工业，能够提供工业企业所需要的优势能力，但随着它们对于数据的需求加强，互联网企业和工业数据公司会逐渐占领这个主战场，当然，这个过程也需要互联网企业能够熬得住、多投入，持续构建自己的工业能力，打造自己的工业基因。伴随工业从补课走向数据牵引和智能化阶段，到那时，也一定会出现巨头企业投资收购的局面。当然，也可能出现另一个局面，各个细分领域都有自己的领导者，互联网企业做基座支撑。

工业互联网：面向客户层面逻辑体系的构建

在工业互联网工作多年，我认为工业互联网很有发展前景。从本质上讲，工业互联网是有逻辑体系支撑的。

数字化市场广阔

行业专家指出，我国数字经济 GDP 占比接近 30%，仅列全球第 7 位。而发达国家数字经济 GDP 占比均超过 60%。另外，我国数字经济对工业的渗透率仅为 17%，而发达国家超过 40%，这说明我国数字经济基础较弱，不足以支撑工业的发展，这也从侧面说明数字经济的未来具有广阔的市场空间。

走向数字经济可以通过数字产业化、产业数字化来助力。首先通过数字产业化打造数字经济的“春天”，加强供给侧能力建设，再让产业享受数字产业化的红利（即产业数字化），这个过程是非常合理且有效的，那接下来的问题就是，如何将数字经济产业化。发展工业不一定非要靠数字经济，大力发展城镇化也是一种手段，因为工业化和城镇化关联紧密，发展路径接近，凡是城镇化发展好的欧美国家，工业化发展也是很好的，所以发展城镇化也是发展工业的路径之一。新型城镇化高质量发展的渐进式规律如图 1-2 所示。

原因一：工业化是城市化的主要推动力

根据纳里和塞奎因的世界发展模型，初始城市化由工业化推动。在工业化过程中，从事工业生产活动的企业为获得“聚集的经济效益”而在地理区域上趋于集中。随之引起区域工业化的提高，带动非农产业就业比重相应地提高，并且非农产业就业人口向城市迁移，引起了城市人口比重的提高。工业化进程逐步引导城市化进程，并促进了城市化发展。

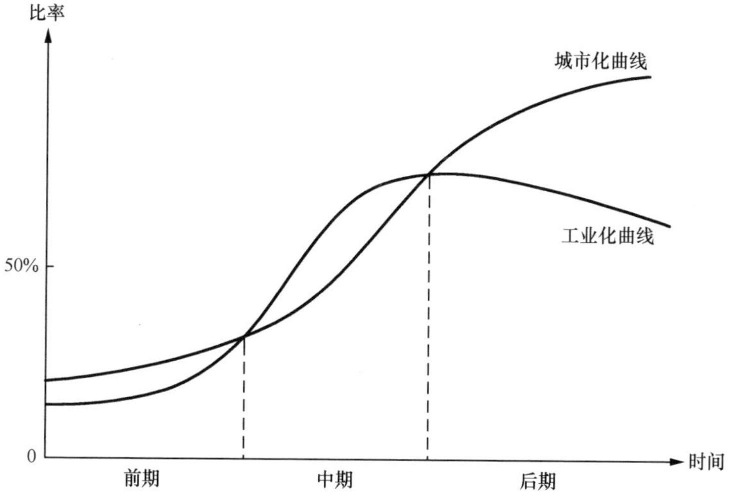

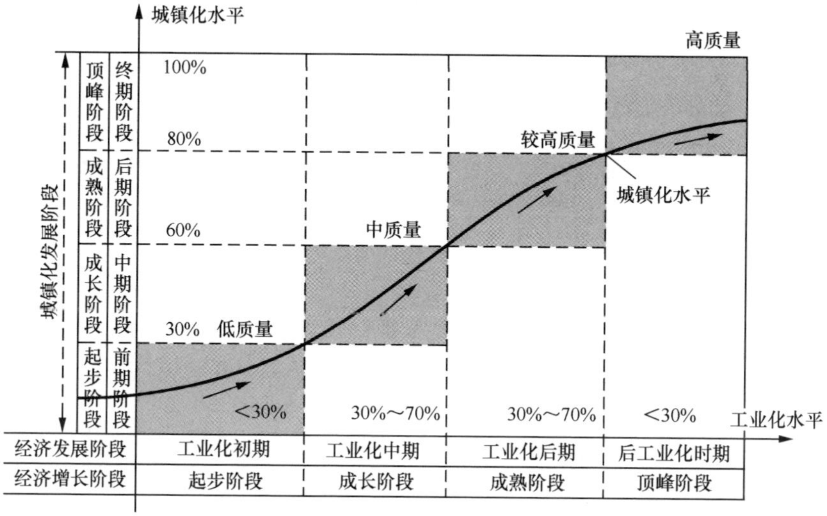

图 1-2　新型城镇化高质量发展的渐进式规律

原因二：城市化发展到一定程度也会促进工业化发展

根据经济发展史，当工业化率、城市化率同处于 13% 左右后，人均收入增长使城市居民需求趋向多样化，工业结构的内部调整无法适应需求的扩大，消费、就业、资本及服务创造的需求开始拉动第三产业发展。

城市就业人口持续增加，城市规模逐步扩大，为工业发展提供良好的外部环境，城市化开始加速并吸引工业企业进一步向城市集中，聚集经济得到进一步发展，城市化由工业化驱动后又借助需求拉动促进工业化发展。

结合国内外情况，工业互联网是工业企业快速发展的重要手段和抓手，主要体现在以下 4 个方面的转变：

① 由传统要素驱动向创新驱动转变；

② 由资源消耗大、污染物排放严重向绿色制造转变；

③ 由低成本竞争优势向高质量竞争优势转变；

④ 由生产型制造向服务型制造转变。

总结

高质量发展是目前乃至今后企业发展的永恒主题，其实不仅是工业，其他任何行业也会走上高质量发展的道路，这是人类生存发展所要求的。资源、空间的有限，要求人类必须合理分配和集约化利用资源，这是最大化支持人类发展的基础。涉及工业，同样如此，我们可以看到，工业互联网的 4 个主要作用是个性化定制、网络协同制造、服务型制造、智能化生产等，无一不是在讲高质量发展。

总之，高质量发展是企业的重中之重，但是如何达到真正的高质量还需要继续探索，整个行业已经走过很多年，工业互联网的诞生、发展、应用本身就是伴随高质量发展的路径而成长的。企业搭上了工业互联网的快车，就代表着其走上了高质量发展的道路。

我相信，只要心怀产业报国之心，就一定能够利用好工业互联网，走上数字化、智能化的光辉大道。尤其是在这样一个国家经济转型升级及新一代信息技术历史交织的伟大时代，未来我们将大有可为！

工业互联网与“牛尾巴”的制造业

前段时间我去拜访了一家即将首次公开募股（Initial Public Offering，IPO）的制造型企业，这家企业的主要产品是汽车微电机及相关产品，主要业务和产品包括自制模具、工程塑料成型、金属成型，还有电机、传动、泵及系统等全自动装配线，主要客户是宝马、奔驰、通用、本田、现代等全球汽车制造商，近几年又成为特斯拉的主要供应商。

我和这家企业的董事长交谈了近 3 个小时，除了谈及企业自身的需求和痛点，董事长旁征博引，又谈及很多有关制造业的深层话题，我受益匪浅。

在和董事长交谈的过程中，这家企业的 IT 负责人也在场，分享了他目前遇到的几个难点。

第一，信息数据打不通，“信息孤岛”问题严重，存在各种重复的数据和流程，上一个 ERP 系统花费了 7 年时间，没有成熟的体系去支持更多信息系统的实施。

第二，目前系统不多，主要是与生产自动化相关的系统，未来还要做办公自动化和相关项目管理自动化，没有系统平台承载。

第三，目前生产线数据采集困难，需要尽快打通并使新老设备互联。

这家企业存在的问题非常普遍，随后我介绍了针对这些难点的解决方案，基于工业互联网的能力去解决企业的问题，利用具备工业操作系统去构建符合企业自身需求的工业互联网平台以打通壁垒，方便数据采集，构建各类系统的载体，打破“系统孤岛”，完善企业 IT 架构，解决企业问题。

董事长同意通过工业互联网去解决企业自身问题，然后他提出一个问题：目前基于云的工业互联网平台还适合我们吗？

董事长很聪明，他其实早有判断：目前不太适合，也不是时候。

说到这里，我想到我们前期去浙江某区域调研企业应用工业互联网平台的情况，调研结果除了普遍存在的问题，还有一些其他问题：

一是不能上，企业数字化基础不稳固，机联网等模块做不了，设备“聋哑”问题严重；

二是不敢上，企业担心商业机密和数据丢失，担心数据被窃取等；

三是不必上，大企业不用上，自身有云；有些数据不必上云，在边缘层就能解决，导致企业上云积极性不够。

看来，工业互联网基于公有云的服务目前不太容易实现，但构建基于企业自身私有化的平台可以被市场接受，这是目前的现实情况。

几个故事引发的思考

随着交流的深入，董事长讲了几个故事，这些故事直接将我们的话题提升了一个档次，也引发了我们更多的思考。

1.“旭”

董事长说他参观过一家日本公司，这家公司的名字叫“旭”，他参观完之后非常震撼，很受启发。

“旭”成立于1916年，是日本国内第一家设计生产轴承的厂商，它的产品包括滚珠轴承、汽车用轴承、滚珠丝杠等，这些产品在其核心轴承产业日本排名第一，世界排名第三；滚珠轴承、汽车用轴承、滚珠丝杠的市场占有率均为世界第一。

董事长说，就是这样一家如此厉害的公司，员工只有120人，厂区不大，但是条形码、扫码枪、自动导引运输车（Automated Guided Vehicle,

AGV）等非常齐全，厂区内的工人大多数是物流工人，由此可见，这家企业的自动化和信息化很强。这家公司的负责人表示，公司真正开始着手推行自动化和信息化是在 1975 年，之后的每年都会在原有的基础上继续完善系统和优化各个环节，公司车间陈旧的设备可以证明他说的话是真的，公司系统不多，经过多年的使用和优化，使用的系统已经固定下来，而且这些系统和公司业务结合得非常紧密。

我们很难想象，120 人的“小”公司使用一些陈旧设备和不太多的系统，没有进行大规模云化应用，是如何支撑起专业领域长期排名前列的生产业务的呢？

有时候，工业互联网不一定非要轰轰烈烈。细水长流、精益求精可能会更好。只有适合的才是正确的，这需要耐心和持之以恒的精神。

2. 特斯拉

随后，董事长谈到了他们最近给特斯拉做外包的故事。特斯拉的产品做得非常好，可是产品好的背后是什么？很多人并不太清楚。这里的核心是 DFM（Design For Manufacturability），中文翻译是面向制造的设计，是指产品设计需要满足产品制造的要求，具有良好的可制造性，使产品以最低的成本、最短的时间、最高的质量制造出来。根据产品制造工艺的不同，面向制造的设计可以分为面向注塑加工的设计、面向冲压的设计和面向压铸的设计等。

如今的 DFM 是并行工程的核心技术，因为设计与制造是产品生命周期中重要的两个环节。并行工程在开始设计时就要考虑产品的可制造性和可装配性等因素，所以 DFM 又是并行工程中最重要的支撑工具。它的关键是设计信息的工艺性分析、制造合理性评价和改进设计的建议。

从狭义上来说，DFM 是使设计更加符合生产的要求，也要求我们在设计时充分考虑生产的情况，让设计能够生产出来。从广义上来说，DFM 就是要设计符合企业大多数的生产要求，使设计的产品在生产上有更多的选择，从而降低成本。

特斯拉的很多生产都选择外包，它只关注核心的设计环节，在产品设计之初就开展基于 DFM 的并行工程，将生产制造环节考虑进去，从而缩短时间，保证产品可以如期交付。

一般制造业基于新产品的设计和生产，从开模到生产，从制造到检验的整个环节需要很长时间，可是外包企业在给特斯拉供货的过程中却被要求缩短这个时间。举例来说，以前从开模到生产出产品的周期为 6 个月，特斯拉现在要求这个生产周期为 2 个月！

这是如何做到的呢？

秘诀就在于特斯拉的设计逻辑和数据，基于 DFM 的设计保证了整个生产过程和工艺设计的合理性和可行性，相关质量也有所保证，另外基于打通的数据，特斯拉可以测算出产品是否符合要求，从而不要求定点生产（Original Equipment Manufacturer，OEM）厂家做测试。我们在车企了解到，一个新产品的生产从测试到投放市场做稳定性检验，再到产品投放的时间至少需要半年，现在，特斯拉省掉了这一环节，节约了时间，提高了生产效率。

这也是特斯拉的产品成本低、质量好、设计精湛的秘密，而且在整个产业链中，特斯拉掌握了设计，控制了生产环节的核心，从而将整个产业链的核心和利润牢牢地掌握在自己的手中。

由此可见，制造业如果想要发展，一定要掌握设计和生产的核心环节，其中，如果能够结合工业互联网平台数据的价值，再加上创新，制造业一定会走向高端。

“牛尾巴”的中国制造业

制造业产业链是一个“4+1”模式。其中，“4”是指产品设计、原料和零部件采购、物流运输和批发零售环节，“1”是指生产制造环节。目前我国制造业的产业链模式并不是以“4”为主，而是以“1”为主。这样的模式导致其他 4 个环节在全球制造业产业链上处于弱势和低端地位。

高端制造业与传统制造业的显著区别就在于高端制造业尽量减少甚至摆脱制造业中的低端环节，尽量占有制造业中的高端环节。

长期以来，受技术水平和经济实力所限，我国传统制造业大多数只涉及生产制造环节，处于制造业中的低端环节，而高端环节则长期由发达国家控制，我国制造业一直扮演“牛尾巴”的角色。

放养过水牛的人都有一个体会，当水牛掉进泥潭爬不出来时，如果我们牵牛鼻子或拉牛尾巴，不管使多大的力气，牛不但拉不出来反而会越陷越深。懂行的人不会这么干，他们会搬来木杠，垫起牛肚子，再抓住牛鼻子和牛尾巴，就能将牛拖出泥潭。

总结

虽然工业互联网的体系逐渐健全，发展势头强劲，但其也面临双重挑战。

一是工业互联网参与者众多，但是真正为客户带来巨大价值的应用场景不多，企业没有因为工业互联网实现真正高质量的转型升级。

二是在制造业从低端走向高端的过程中，工业互联网的作用不明显。

基于此，工业互联网对于工业的带动作用及全面铺开还有待观察和探索。

值得欣慰的是，随着工业互联网产业的发展，工业互联网对于中小企业的作用越来越明显。

我们对某区域进行调研，结果显示：71%的企业认为工业互联网平台能够满足企业的需求，企业对智能生产管控的需求最高，占比接近70%，工艺及能耗管理与行业趋势分析占比57%，流程控制优化类占比51%。总体上，企业规模越大，上行业云平台的积极性越低，而中小微企业的需求非常大；企业对设备维护、行业趋势等模块非常感兴趣。

对于制造业从低端走向高端这一我国工业体系的核心诉求，工业互联网还有很长的路要走，也许并不是工业互联网这一单一手段就可以解决的事情，需要多部门、多产业共同协作才能实现这一目标。

在这个过程中，我国制造业需要建立自主的智能制造框架标准体系，并鼓励产业和企业自主设计、自主研发，探索自身的智能化经验，并最终汇聚成自身主导的智能制造平台和生态，从而完成整个制造业的转型和升级。

谨防工业互联网行业“机会主义者”的大量涌现

近期，《人民日报》专文刊发指出工业互联网进入快速成长期，众多媒体也在宣讲工业互联网的未来和发展，可以说，我国从政府到民众，从大型央企、国企到中小企业都高度关注工业互联网的发展，工业互联网行业生态已经形成，工业互联网产业发展已初具规模。在这种背景下，如何让行业健康有序地发展是需要整个行业深入思考和积极探讨的。

当前，工业互联网平台企业近600家，参与工业互联网产业链上下游的企业不下千家，在这些企业中，哪些是真正的行业企业，哪些是以助力企业价值提升、致力于工业企业的核心诉求为己任的企业，哪些是不务实的企业……经过我们的长期观察和了解，我认为在工业互联网行业内确实存在一些不太务实的企业。

如今，工业互联网行业进入快速成长期，谨防“机会主义者”出现，是整个行业需要引起关注的话题。

工业互联网全方位分类体系解析

我想先深入地谈一谈参与工业互联网的企业的分类体系。

工业互联网行业分类体系如图1-3所示。

从维度上来讲，整个分类以供需关系和下沉度作为评判标准。

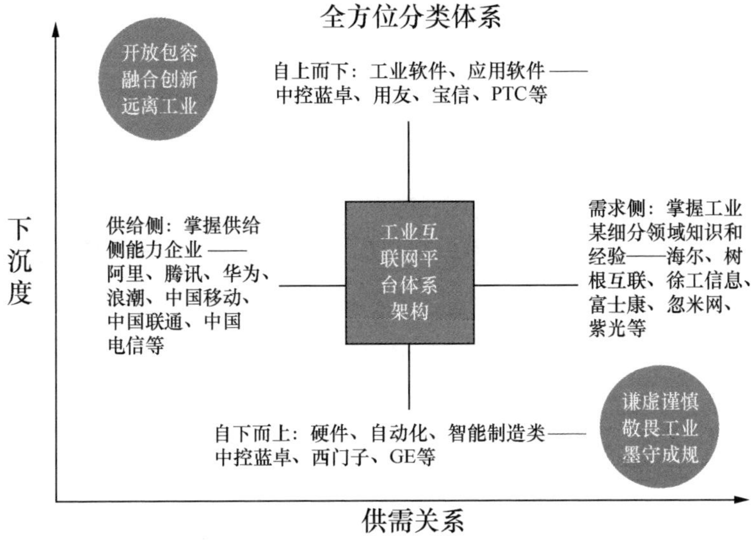

图 1-3　工业互联网行业分类体系

1. 供需关系维度：分为供给侧和需求侧两类

① **供给侧企业：**掌握供给侧能力企业，以云、网络、AICDE[1] 等能力为基础，输出工业相关整合的解决方案。

代表企业：阿里、腾讯、华为、浪潮、中国移动、中国联通、中国电信等。

② **需求侧企业：**出身制造业，掌握工业某细分领域知识和经验，希望对外输出。

代表企业：海尔、树根互联、徐工信息、富士康、忽米网、紫光等。

2. 下沉度维度：分为自上而下和自下而上两类

① **自上而下类企业：**工业软件、应用软件企业，偏工业上层应用类，能够解决工业软件类需求，包括计算机辅助设计（Computer Aided Design，

1. AICDE：人工智能（Artificial Intelligence）、物联网（Internet of Things）、云计算（Cloud Computing）、大数据（Big Data）和边缘计算（Edge Computing）。

CAD）、计算机辅助工程（Computer Aided Engineering，CAE）、制造执行系统（Manufacturing Execution System，MES）、ERP、客户关系管理（Customer Relationship Management，CRM）、仓库管理系统（Warehouse Management System，WMS）等。

代表企业：中控蓝卓、用友、宝信、PTC 等。

② **自下而上类企业：**硬件、自动化、智能制造出身企业，掌握底层硬件和控制类核心能力，深入工业核心应用场景，掌握工业核心技术。

代表企业：中控蓝卓、西门子、GE 等。

以上分类基本涵盖所有工业互联网行业参与企业，在这些参与企业中，有些从业者也会有一些自己独特的行业特点和性格特征。

象限左上角即供给侧企业和自上而下类企业，这些企业一般比较开放包容，愿意接受新鲜事物，致力于融合创新，但缺点是远离工业核心场景，不了解工业具体场景。

象限右下角即需求侧企业和自下而上类企业，这些企业一般比较谦虚谨慎，非常敬畏工业，热爱工业，了解工业核心场景，相关方法论和体系从工业基本需求出发，但通常墨守成规，不太愿意接受新鲜事物，开放度和创新力不够。

工业互联网“机会主义者”众生态

“机会主义者”是那些一看到市场上的某个发财机会，就想大捞一笔、捞完就走的人。他们想跳过“播种、施肥、浇水”的过程，直接收获花朵与果实。或者说，他们想要的是快速的、不必花费力气就能实现的“财富自由”。这些“机会主义者”不论什么“风”来了都要伸手感受一下。

对于工业互联网领域来讲，**工业互联网领域的“机会主义者”就是不遵循工业的发展规律，以营造噱头、上市圈钱套现等为手段，不以工业本质的发展作为企业经营法则的企业或从业者，这些“机会主义者”严重破坏了行业风气。**作为从业者，我们也要有能力识别这些“机会主义者”，这里我将其分为几类，供大家参考。

1. 缺乏核心产品或者核心产品粗糙、低质，是项目类公司而非产品类公司，并且多数项目没有深入客户核心应用场景

工业互联网的“投机主义者”一般都没有自己的核心产品，或者核心产品粗糙、低质，其公司主要的经营目的并不是致力于打造产品级公司，因此多数项目是分散的，没有真正深入客户应用场景，产品也没有解决客户的核心诉求。

2. 客户口碑持续走低，但市场品牌投入巨大，缺乏与多数客户形成长期的合作伙伴关系

工业互联网的“投机主义者”服务的客户很少能够形成二次合作，客户口碑极差，受其知识、经验和能力的制约，不会与客户形成真正意义上的长期合作。

3. 核心商业模式经不起推敲和验证，不具备长期成长性

工业互联网的“投机主义者”对外宣称的核心商业模式是经不起推敲的，经过市场的多轮洗礼，我们只要稍加分析就会看清其商业模式存在的问题，核心产品不完善、业务场景不聚焦、客户满意度差、运营体系不健全，对外营收始终无法支撑核心商业模式。

4. 公司组织架构混乱，人员流失严重，缺乏成功的企业文化基因

工业互联网的“投机主义者”为了利益可以随意变动组织架构和人员，根本不考虑组织架构的合理性和员工的成长性。这样的企业没有成功的文化基因，因此不会长久发展。

5. 企业营收主要靠母体“供血”，靠合作商“催肥”

工业互联网的“投机主义者”由于产品不好、核心商业模式不清晰、客

户口碑差等原因，企业营收差，如果你看到某些企业存在以上问题，但是企业对外的财报或者营收还不错，则其很有可能是靠母体“供血”或是靠合作商“催肥”，这样做会使此类企业自信心膨胀，以为自己很优秀，从而忽视问题，长此以往，企业会逐渐失去市场竞争力。

6. 以融资上市圈钱为唯一目的，没有长久服务工业的本心

工业互联网的“投机主义者”将融资上市作为企业经营的唯一目的，在没有产品、没有口碑、没有客户的情况下，工业互联网的“投机主义者”知道自己经营不下去，因此他们只有通过讲故事、做宣传去拉拢客户和投资者融资，然后包装概念上市，最终套现。这类企业没有长久服务工业的本心，不会在工业领域走远，希望客户和投资者要擦亮双眼，尽早识别出这类企业。

总结

我几乎一路见证了工业互联网的发展，对工业互联网行业是很有感情的。工业互联网从概念提出到理论落地，再到现在快速成长的过程中，各类参与者良莠不齐，有一些“投机主义者”，也有真正致力于工业高质量发展、受人尊敬的从业者与企业。

作为工业互联网发展的见证者，我们有责任鉴别工业互联网的“投机主义者”，不能使这些企业混淆行业的认知，阻碍行业的发展。

我们真诚地希望工业互联网的“投机主义者”多关心自己的组织和产品，打造真正符合市场的好产品，以解决客户实际诉求为已任，打造企业成长的长期战略，不再追求无根基的成长，不再追求无产品的上市，好好审视自己的企业文化和组织发展。

真正的高手，都是长期主义者。

摆脱 IT 思维，工业互联网才能走深向实

如同莎士比亚说的，“一千个人眼中有一千个哈姆雷特”。不同背景、经验和经历的人看工业互联网的视角存在很大的不同，这是很正常的现象，也是事物发展的必然过程。

互联网企业多以互联网视角看工业互联网，所以它们多讲创新；电信运营商多以通信角度看工业互联网，所以它们多讲 5G；软件服务商多以信息化视角看工业互联网，所以它们多讲工业软件；自动化企业多以底层逻辑看工业互联网，所以它们多讲设备产线控制。

“盲人摸象”式的工业互联网格局目前是行业的主要矛盾所在，正是因为视角和站位的不同，才产生出不同的企业发展战略和路径，这些都在或多或少地影响着工业互联网的发展格局。也正因为如此，工业互联网才能百花齐放、异彩纷呈。

但是，目前行业的一个主要现状是 IT 视角过多，大量的互联网企业在用 IT 的思维阐述工业互联网的逻辑和应用，这些观点和看法可以作为工业互联网的补充，但不应该成为主流，我认为不要过多地站在 IT 视角看工业互联网，要更多地以自下而上的视角去审视和应用工业互联网，以工业技术、设备技术、自动化技术和工业软件的视角，结合 IT 视角去研究工业互联网，这可能是一条正确的发展工业互联网的道路。

工业软件不是IT产品，是“工业软装备”

最近一段时间工业软件异常火爆，自中望软件上市以来，工业软件越来越受到国家和行业的关注，各地市政府出台了很多的扶持政策，就连金融资本也给予了很多的支持，工业软件在未来一定会迎来快速发展期。工业软件的“春天”来了，这也从侧面反映出工业软件的价值和重要性。

但是，作为工业互联网重要的业务层应用，目前行业内很多人一直把工业软件视作一个 IT 产品。

诚然，工业软件符合一般意义 IT 范畴的各类特征。软件的定义为“软件是一系列按照特定顺序组织的计算机数据和指令的集合。一般来讲软件被划分为系统软件、应用软件和介于这两者之间的中间件”。从定义上看，软件确实应该属于 IT 范畴，用计算机语言编写，通过编译器编译后运行，发布成一个可以被使用的、应用于计算机上的软件。

可是，如果按照软件应用的范围和场景，就不这么简单了。我认为，如果软件应用于消费者领域，则主要服务于人们的娱乐、简单的管理等，这是 IT 范畴，如果软件应用于工业场景，也就是工业软件，就不能将其划分到 IT 范畴，而应该称为“工业软装备”。

工业软装备本质上是适用于工业场景的装备，和其他工业设备类似，都是解决工业的各种问题，只是表现形式不一样而已。工业设备以物理实体的方式存在于工厂内，接受原材料输入，产出化学或物理形态的产品，为下一道工序提供服务，同时工业设备需要维护、修改、调整，一旦开启就会随着生产节奏输入输出。

软装备是数字化生产线的核心，而工业软件则是软装备的核心。

如果我们把工业软件当成一种软装备去看待，那么工业软件就会无限接近工业，我们的落脚点才会更加深入工业。

智能工厂建设是先软后硬还是先硬后软

多年前，在“两化”融合和工业互联网发展初期，很多地方出台过支持企业智能化改造的政策，其中比较有影响力的是所谓的“机器换人”，也就是在大量的工厂内，购买大量的机器人去代替人工作，希望通过部署大量的硬件设备，达到降本增效、提质减人的目的。

很多年过去了，有些机器在工厂起到一定的作用，有些机器已经荒废了，那些有一定的信息化和智能化基础，有一定的管理经验，有一定的人才供给的工厂，机器的上马会起到一定的作用，但是，对于那些本身自动化程度很低、没有工业软件支撑、各类信息化基础设施不完善、IT 人才供给不足、管理不成体系的工业企业来说，这些机器都会被闲置，起到的作用和价值有限。

由此得出一个结论：**工业企业硬件设备的利用和软件的成熟度有很大的关系，也就是说，工业企业的软件体系越完善，硬件设备发挥的效果越好，反之，如果没有完善匹配的软件做基础，盲目地购买和开发一批硬件，效果和价值就会大打折扣。**

因此，我们应该在建设智能工厂的过程中本着“先软后硬”的策略，先将智能工厂内部的底层平台、软件体系、管理规范、人才结构和业务流程梳理清楚，再基于完善的软件基础，开展硬件装备的投入和建设，这可能会是一条合理的、有效的智能工厂建设路径。

20%的工业软件利旧，80%的工业App创新

一路走来，我国工业企业在信息化发展的道路上已经出现了积重难返的现象。

大量的工业企业自启动信息化建设以来，都会或多或少地建设一批工业软件系统：设计落后就加一套 CAD/CAE，生产节奏跟不上就加一套 ERP，现场管理不行就搞一套 MES，市场销售没有抓手就搞一套 CRM，物流、备

件、人力等方面不足就匹配相应的软件，希望通过工业软件的构建解决这些问题。

工业软件本身就是工业知识和工业管理的载体，通过构建工业软件，企业前期确实能得到很多便利，但是，随着各类系统越来越多，越来越复杂，“孤岛式”的应用、割裂的数据、大量的冗余系统和数据的出现，导致工业软件越来越成为企业的负担，大量企业都不得不招聘 IT 人员维护这些系统，IT 人员疲于奔命，效果甚微。

这样的现象也直接阻碍了工业企业的发展之路。

当下，随着数字化转型成为企业的必选题，工业企业一直希望开展各种类型的创新应用，但是这些业务开展的基础是需要一个基础的底座、规整有效的数据等，但是，很多企业的信息化现状并不允许它们开展创新型业务，很多企业踟蹰不前，受限于现有糟糕的业务系统而无法自拔。

我们可以基于一个统一的数据底座，把各类传统的工业软件纳入工业互联网平台底座，继续承载和保持传统软件的使用，然后，未来所有新型的业务以基于工业互联网平台统一底座的方式、以工业 App 的方式开展（20% 的工业软件利旧，80% 的工业 App 创新）。这样，我们既能够兼容前期的投资和工业软件的利旧，也能够以一个新型工业互联网体系的方式开展新的业务，工业企业不会受前期的限制，从而走向一个数字化、智能化的未来。

工业互联网应用场景：流程工业正当时，离散工业是未来

一些专家学者认为，目前工业互联网的主要应用场景大多数集中于离散制造业企业，这是一个不争的事实。

一方面是因为离散制造业企业散乱而众多，容易在数量上取胜，另一方面也说明离散制造业基础水平较低，确实亟须工业互联网赋能开拓。

这就造成了很多人以为工业互联网应该多集中在离散制造业，我认为不然。

流程体系的工业企业的特点是少而集中，基本上是规模以上企业，也就是说规模较大、利润较高，流程制造业普遍实现了自动化，且信息化程度较高，一般的企业已经完成了“工业3.0”的建设，主要业务关注点是降本、提质、增效、安全和环保，随着数字化转型业务的持续开展，企业内各类型业务都有数字化的基础，数据、业务、人员匹配良好，已经建设了各类系统软件，各类系统软件也已经服务了很多年，对创新型数字化业务非常关注。企业有大量的信息化人员，数字化业务已经深入业务流程，起到了重要的业务依托态势，这些企业正在备受“系统孤岛”、数据割裂问题的困扰，愿意改造、优化甚至变革传统工业软件体系，建设基于工业互联网平台的新型架构体系。

基于以上认知，从理论上讲，当前的流程工业更适合应用工业互联网，通过工业互联网解决各类工业企业数字化转型的普遍问题：**打通底层数据连接、打破“信息数据孤岛”、构建大数据处理平台、传统工业软件利旧、建设新型统一底座、搭建精准业务App、应用低代码开发平台等，通过构建新一代工业互联网平台架构体系，带来流程工业的真正数字化转型。**

离散制造业的现状是规模以上企业较少，中小企业较多，大量企业的自动化水平不高甚至缺失，建设的工业软件不多，对工业软件的诉求比对工业互联网平台的诉求更大，几乎没有数据积累，人员信息化能力参差不齐，再加上离散制造业利润薄，有些企业还处在生死边缘，主要业务关注点是市场销售，对数字化并不是特别关注，还大都处在“工业2.0”阶段。因此，离散制造业如果开展工业互联网应用，目前条件并不十分成熟，这也是很多工业互联网的应用只集中在几个规模以上企业中，工业互联网类业务在离散制造业不好开展的主要原因。

因此，我认为，对于工业互联网产业来说，目前流程制造业开展工业互联网业务和应用正当其时，虽然离散制造业目前需要补齐自动化、数字化等各种能力，但未来大量的离散制造业企业场景会是工业互联网的主要关注对象。

总结

能不能做好工业互联网绝不仅仅是思维的问题，还包括技术的发展、市场的验证、人才的供给及国家政策引领等条件，但是思维的问题极其重要。

我们置身于工业互联网，如果考虑问题的角度一直是IT思维，就会很容易陷入盲目虚幻的自信和无知：以为可以通过“试错”赢得市场，以为可以利用“互联网思维”收割用户，以为可以存在所谓的“赢家通吃”，以为可以出现“马太效应”，甚至以为会出现工业互联网领域的互联网领军企业，以为会“云化一切”……

这些不都是我们的IT思维在作祟吗？

摆脱IT思维，我们才能走向一个更好的工业互联网未来。

第二章
未来思考

|工业互联网：需求、发明与感性的力量|

现实虽然残酷，但理想并不遥远！

在工业互联网行业待久了，我总会听到来自政府、企业、客户、联盟、传统企业、传统供应商、新兴企业等各种各样的声音，有的认为找到了“宝藏”，说现在的商业环境存在许多机会，是红海市场；有的却认为工业互联网华而不实、新瓶装旧酒，工业互联网并非解决工业基础问题的良药，解决问题的关键在于工业自身，工业互联网姓“工”不姓“互”，工业互联网也会是历史过往的短暂星光，终归走向尘埃。

我想这些声音的存在是好事，在通向真理的过程中总要经历阵痛。经得起讨论的才称得上是真理，布鲁诺说：“为真理而斗争是人生最大的乐趣。”我相信行业中的很多人会乐在其中，至少这个行业使很多默默无闻的人走到了台前。我们需要深度思考：工业互联网到底是不是一项发明，是不是满足了需求，工业的需求和工业互联网的发明之间的关系如何，需求是发明字母还是发明本身来自需求，但是工业互联网最终不一定服务于需求，可能会在另一个维度里走向光明。

需求与发明

一个完美的工业互联网的需求与发明的故事是这样的：一个传统的行业经过长达百年的发展，原材料越来越贵，人口红利消失，人力成本居高不下，产品生产效率不高，良品率低下，质量无法得到保障，市场越来越难做，找不到客户，不了解客户需求，产品没有核心竞争力，最关键的是核心技术没有掌握在自己手里，核心工艺无法传承……这时一项发明应运而生，解决了所有问题，指明解决问题的光明大道，这项发明不仅能够解决行业与企业的问题，还能够让企业变革和转型，你不再是你自己，你可以成为更好的自己，于是万千企业奔向光明的未来……

这就是典型的需求催生发明，是不是很耳熟？有些骗局是这么设置的：“你有病，病得很重，我正巧有药，这个药很巧，正好能治你的病。”仔细想想：“你到底有没有得病？你的病到底重不重？这个药到底能不能治你的病？药过没过期？有没有其他药？”很多“患者”因为病急乱投医，误信庸医，延误了病情。

需求与发明没有匹配会导致行业“空载”现象严重，有些人认为，工业互联网不是“良药”，解决不了工业的问题，工业互联网会变成历史的尘埃，不是解决工业需求的发明。

我对此持中立态度。历史上并非每一项重大发明都是用来解决需求的，或者说需求引导出来的发明也需要一段时间的培育和试错，才能够真正找到适合的领域。

《枪炮、病菌和钢铁》这本书写到，1908 年考古人员在爱琴海的克里特岛发现了一个有凸起文字印模的土陶碟子，类似于中国四大发明的活字印刷术。

为什么印刷术在 2500 年后才在中国出现，在 3100 年后才在欧洲流行呢？超级领先的古代印刷机为何没有在地中海地区被广泛应用，而在被埋到地下 3000 多年后才被我们知道呢？大规模、准确地复制和传播资讯不是每一个时代都需要的吗？为什么这项能满足时代需要的发明没有被流传下来呢？

这里一个重要的思考是，我们今天看到的发明之所以能够在世界上立足，并不是像我们理解得那么简单——它满足了社会发展的需要，能解决某个重要的问题，就会被人们接受，并得到广泛应用，而是需要很多的因缘际会才行。

当然，很多发明也确实是由需求引导的，例如，造出原子弹的“曼哈顿工程”就是为赢得战争胜利而创立的。1749 年，美国惠特尼发明的轧棉机也是直接服务于从棉花中分离棉籽这项工作，达到节约劳动力的目的。

但是，这类情况在科技史上并不是主流，带来技术演变的是那些重大的关键性发明，不能单从社会需求这一个维度去解释。大部分发明是好奇心的产物，是妙手偶得。只有当新发明推广了一段时间以后，消费者才会觉得需要这项发明。到这个时候，这项新发明的创立初衷已经被人忘记了，因为人们为它找到了很多新用途，例如，内燃机、电灯、飞机、留声机、半导体都是如此。

1877 年，爱迪生发明出了第一台留声机，并发表了一篇文章，给出了留声机的十大用途。例如，为垂死的、提不动笔的人留遗嘱；为盲人录下有声的书报(报社、出版社可以用留声机的黑胶碟扩大销量)；教儿童拼字等。但是他的“兜售”并不成功，在他宣传的这些用途里，没有一个被消费者接受，后来留声机的最大用途是复制音乐，这个用途根本不在爱迪生的考虑范围之内。

可是市场一点儿也不在乎爱迪生发明留声机的初衷，很多商业合作伙伴将留声机当作点唱机，投币就可以播放流行音乐。直到 20 年以后爱迪生才承认，留声机的主要用途就是播放音乐。

同样，内燃机——这项带来现代交通革命最重要的发明，也不是需求的产物。当德国奥托在 1866 年将内燃机造出来时，社会对它根本没有需求。马匹供应很充足，民众对铁路交通也没有不满。而且内燃机的动力效率不高、不稳定、体积大、笨重，与一匹骏马给人带来的美感相差太远。

第一次世界大战爆发后，军方决定采购卡车，战后卡车制造商对民众展开了密集的游说，陆军也现身说法，内燃机确实很实用，才让民众觉得他们确实需要内燃机。这时，在主要的工业国家里，卡车才逐渐取代了马车。

照相机、打字机、飞机这些很多重要的发明都是如此，在它们问世之时都没有一个人们对应的需求。这些发明不是一亮相、幕布一拉开观众就掌声雷动——我们就是来看你的。

所以，工业互联网作为一项渐进式的“发明”，暂时没有很好地满足工业的需求。也许是没有到合适的时间点，也许是还没有找到很好的航道。当今社会已经不像过去那样需要经历几个世纪去磨合，一项发明只需要几年的时间就可以找到应用场景，随着工业行业需求的逐渐聚焦，随着未来供给侧技术的逐渐完善，只要坚持大规模地去实验、测试、试用，广泛地开展各种层面的交流、对接，工业互联网一定会在工业中找到它的最佳“沃土”，成为真正的发明。

总结

历史的推进大多是靠感性，而非理性。

有时候，我们从事一项事业，推动它前进的通常是感性，并不是我们常常认可的理性。

如同上面提到的需求与发明的关系，如果按照逻辑的演进，工业的需求和工业互联网之间并没有强逻辑关系：原材料价格过高是经济问题，质量不佳找精益解决，人力成本高是市场原因导致的，生产效率提升靠自动化……这些需要工业互联网吗？需要企业上云、设备上云吗？需要设计工业互联网体系吗？需要构建工业互联网平台吗？需要各种各样的云化吗？需要构建中台体系吗？需要数字化转型吗？需要积累数字资产吗？需要新基建吗？

如果纯粹用理性思维去看待一件新兴事物是残忍的，理性思维推动不了事物的快速发展，大多数人困在理性中无法自拔，导致错失良机，使发明遗落在历史中，我们希望看到那些为某项事业热血澎湃的场面，我们希望感受工业新一轮创业的激情，过于理性的人，被严密的逻辑阻挡，遮住了智慧的光芒；而感性的人也许知识不丰富、理论不完善，也许是为了一时的激情，但是，历史经验表明，没有感性引起的激情，理性不可能顺利地激

励人类走上文明之路，工业互联网很有可能是由某种难以抑制的感性的冲动引起的，哪怕这种冲动显得极不合理，也会打开未来之门，走上美好的坦途。

我想用勒庞在《乌合之众》里的话作为结尾："让我们把理性留给哲学家吧，不要过于强烈地坚持让它插手人类的统治了。所有文明的主要动力并不是理性，或者说虽然有理性的存在，人类还是产生了诸如尊严、自我牺牲、宗教信仰、对祖国与荣耀的热爱等情感，而它们才是迄今为止所有文明的伟大动力。"

历史的启示：守拙与创新

1997 年，经济学家魏杰曾经提出一个预言：“这是一个大浪淘沙的阶段，非常痛苦，我估计再过 10 年，现在的民营企业 200 家中间有一家保留下来就不简单了，垮台的垮台，成长的成长。”

曾国藩出身平常人家，家族中五六百年都没有出过秀才，曾国藩考了 7 次才考中秀才，进入翰林院。从曾国藩的人生经历中，我看到了几个字：**不急于求成，务实守拙。**

正是因为不急于求成，曾国藩参加过 7 次考试，打下了扎实的基础，才能够在此后的考试中脱颖而出，成功走上仕途。

也正是因为务实守拙，曾国藩在后半生创办湘军，遭遇战事危急，咸丰帝数次催促他出击，同僚们也劝其尽快攻打太平军，他都没有行动，他坚信湘军还没有做好准备，不能急于求成。

发展工业互联网的启示：不急于求成，崇尚“笨拙”，扎实而非投机取巧。

我曾经在华为工作过。华为参与一个行业时，尤其是准备进入一个新兴领域时，在战略洞察、市场分析还没有完全结束前是不会贸然出手的，因为这样有可能带来很多问题，但是经过长期的市场洞察和分析，一旦看清了未来，就会投入全部力量，这样前期也许会错失一部分机会，但是随后只要有了规模效应，就会迅速上量，而且在市场开始拓展阶段也会有 8 年的孵化期，孵化期内追求和考核的并不是关键业绩指标（Key Performance Indicator，KPI）、数字，而是市场占有率、大客户的渗透及标杆项目的塑造等，因为这些才是关键，这也为后续的规模发展奠定基础，华为的云业务就是一个典型的例子。

每次阅读吴晓波的《大败局》，我都会惊出一身冷汗，再联想现在的工业互联网，心里一惊，历史何其相似！

保健品市场火爆的时候，吴炳新的三株口服液仅仅凭借一个非常简单的配方就能够获得大量的市场机会，然后开始大胆且不切实际地进行市场宣传，吴炳新将自己包装成“首席科学家”，开始频繁出入各种展会演讲，市场的发展、受众的热情蒙蔽了他的双眼，同时也埋下了其覆灭的阴影……

让我们看看吴晓波描述的这样一段触目惊心的文字。

“20 世纪 90 年代中期的北京，是一个‘智慧爆炸’的中心，在偌大的京城里四处游荡着来自全国各地的策划大师。他们的皮包和脑袋里有着层出不穷的新鲜点子，他们的履历上有着无数目眩神迷却又经不起推敲和验证的‘成功’案例，他们似乎随身带着一根点金棒，能够在几分钟内看出一家企业的病症，并用一两个让人拍案叫绝的点子把你从水深火热中解救出来。他们凭借三寸不烂之舌四处演讲、召开‘峰会’、论资排辈，然后拿那些奉他们为神明的企业来做自己策划的试验品。

在姬长孔和秦池周围，便出没着一群这样新潮的经济学家和策划大师。

对于这些人，美国经济学家格利高利·曼昆（Gregory Mankiw）在他著名的《经济学原理》中曾经有过生动的描述：任何人都可以自称‘经济学家’，并声称发现了一些可以轻而易举地解决经济难题的办法。这些新潮经济学家往往会吸引一些政治家、企业家，他们渴望对顽固而又持久的问题找出一些容易而新奇的解决办法。一些新潮经济学家来自那些不懂装懂的人，他们用一些时髦的理论来引人注目并牟取私利。另一些则来自那些相信自己理论真正正确的怪人。”

看着这些文字，我的内心是非常震惊的，如果一个行业走向了这样的虚浮，是多么可悲。人人争当理论家，却对务实视而不见，过于急功近利，最终会害人害己。

商业中最忌讳不量力而行的浮躁。

工业互联网从业者都要问自己以下几个问题。

工业互联网真的会像“东方魔水”一样去拯救一家企业吗？

工业互联网真的是中国制造业高质量发展、数字化转型的“灵丹妙药”吗？

企业对数字化的持续投入，是来自业务人员内心的呐喊还是企业自己的自吟自唱？

我调研过很多企业，这些企业想变得强大远不能依靠数字化。存在即合理，企业的生存与死亡都有其合理的背景，曾有一家企业的负责人说：“我也不知道搞这个东西有什么用，反正看着大家都在做，我们也就跟着做，先做起来看看……”

总结

回望历史，我们看到曾国藩守拙克己的坚韧，不急于求成的稳重；我们看到华为发展新兴产业的8年忍耐期和前期大手笔的投入，方能获得市场机会；我们也看到中国40年商业历史给予的启示，我们应该有所思、有所悟。

守拙并不是保守，而是稳健的发展；守拙也不代表不创新，而是要符合工业本质的创新。我们看到历史中很多行业因为急于求成而走向衰落，历史是一面镜子，希望我们可以借鉴历史从而避免犯同样的错误，我真诚地希望工业互联网能守拙，不务虚，坚持价值导向，切实帮助工业企业实现数字化转型，切实带来实际价值，助力整个工业的发展，这才是历史给予我们最好的启示！

|“农村包围城市”对发展工业互联网的启示|

现状

2012年，GE公司提出了工业互联网，2012年被认为是工业互联网发展元年。对于我国来讲，近年来，工业互联网发展大有燎原之势，从概念的提出，到后来具体技术框架的构建，直到提出建设和实施路径，工业互联网越来越追求落地。工业互联网从几个大型制造业企业的试点、引领和示范，到第二批、第三批企业的试点，再到目前工业互联网成为企业数字化转型的核心因素，它已经成为企业，尤其是制造业必谈的话题、必做的事情。

问题

企业发展工业互联网，开展数字化转型，走上高质量发展的路径是清晰的。很多企业的发力点、着力点存在问题，如果一开始就找错了入口，会事倍功半，严重影响企业的发展，还会直接导致企业错过下一轮发展的机会，失去了企业前进的动力。

由于工业互联网助力企业发展是多方面的，业界一般把工业互联网的应用路径和模式总结如下：

面向企业内部的生产率提升；

面向企业外部的价值链延伸；

面向开放生态的平台运营。

很多企业以为，我们是工业企业，懂生产，就很自然地认为开展工业互联网首先要从提升内部生产效率着手，期望通过生产的改造升级、效率提升带动整个企业的发展。

实际上，不管是业界案例还是我们实际看到的案例，目前来讲，很少有企业是真正通过工业互联网改造企业内部生产而获得成功的。

我们可以判断，很多企业选择从生产端发力，收效甚微，甚至可以认为这不是正确的路径（当然也需要看具体情况），原因如下。

1. 生产端非常复杂，尤其对于流程制造业，牵一发而动全身，不容易找到着力点

就目前来说，有关工业互联网的知识大部分讲的还是互联网的供给侧能力，例如云计算、大数据、物联网等，以及算法、算力、人工智能等，涉及工业的机理模型、工艺模型等较少。发展工业互联网的一大障碍是如何打造更具价值的工业机理模型等，想通过工业互联网去开展生产端的改造非常困难。

2. 对于做得好的工业互联网企业来讲，在自己领域深耕细作需要时间周期，如果跨领域反而力不从心

一部分企业把自己的工厂作为试验田，做了一些工作，见到了一些效果。如果是跨行业，尤其是复杂的流程化工行业，可能在专业能力方面就会捉襟见肘。

3. 目前很多企业的生产端各项基础设施已经比较完备，改造提升空间小，难以作为着力点

很多企业的生产端已经实现了从自动化到信息化的转变，甚至一些企业开发了大数据平台，用上了人工智能。许多企业的生产端不管是理论、方法、

体系和路径都非常完备，如果想在生产端提升，空间极其有限。

方案

工业互联网是企业未来发展不可或缺的重要因素，就目前来讲，走内部生产提升的路线有一些挑战，并不是一条合理的路径，而选择一条正确的、可实施的、有着力点的工业互联网发展之路迫在眉睫。

发展工业互联网的新思路：通过发力非生产端，找到工业企业的共性需求，以此为突破口和着力点开展工业互联网相关应用。其中，开展供应链和后市场的赋能升级是一个很好的入口。

1. 优化提升非生产端业务，使企业能够快速感受到效果，提高工业互联网的市场接受度和容错性

开展生产端的优化提升固然重要，但是作为初始业务，尤其是工业互联网的初始业务是不太合适的，主要是因为生产端见效慢，收效低，企业容错性不高，一旦出现问题就可能给企业带来损失，严重的话还可能使企业走下坡路。

从非生产端业务开展工业互联网的优化提升，应包括供应链和后市场等，一方面，可以起到立竿见影的效果，快速试错、快速迭代，容易找出正确合理的业务创新和商业模式；另一方面，供应链和后市场等非生产端业务涉及企业的上下游和客户，是偏互联网类的客户群体，容易接受工业互联网的业务模式和方法，可以快速感受到工业互联网的优势，便于开展工业互联网业务。

2. 供应链和后市场等非生产端业务是一般企业的共性需求，且规模巨大，容易带来较大的提升，提高企业收入

大多数企业涉及供应链和后市场等非生产端业务，对于一般企业来说，供应链和后市场是共性需求也是企业必然会涉及的业务，例如，汽车类后市

场规模已达到 1.3 万亿元，如此大的市场规模，如果可以通过工业互联网带来优化提升，那么其意义和价值就会非常巨大。

3. 供应链和后市场等非生产端业务的成功施行，可以提升和优化生产环节，为企业的整个产业链带来价值

工业互联网的目标是提升和优化整个产业链，包括供应链、生产和后市场等。对于企业来讲，“研、产、供、销、服”“人、机、料、发、环”等都是工业互联网需要提升和优化的场景，我们只是把供应链和后市场作为前期开展的业务类型，随着供应链和后市场业务价值的突显，再开展生产类业务的优化升级，很多能力可以复用。随着生产类业务的提升和优化，可以自然而然地展开其他类业务的提升和优化。随着这些企业核心业务体系能力的提升，企业整个产业链的提升和优化、迭代升级就会非常顺利和快速。

总结

100 年前，中国共产党人提出了“农村包围城市”的战略思想，那个时候城市环境异常复杂，中国共产党在城市没有根基，很难开展相应活动，只有转换思路，发展农村，扎根农村，走“农村包围城市”的道路才是符合当时特定历史情况的最佳实践，后来证明这套理论是非常正确的，中国共产党也正是依据这一战略思想取得了胜利。

回望历史，对于工业来讲，基于生产端的工业互联网赋能升级其实远未达到预期：一方面，由于工业信息化、数字化、智能化基础尚未完善，没有给工业互联网施展的空间和平台；另一方面，工业互联网自身的理论基础、技术架构和生态要素也需要持续加强。中国信息通信研究院的报告显示，虽然工业互联网平台的数量已经达到 200 多家，但是很多工业互联网平台供给侧能力不足、工业机理模型不足、数据沉淀不足、有价值的工业 App 不足等，诸多问题都在制约基于生产端的工业互联网的应用和发展。

实际上，工业互联网的本质是工业全产业链的互联网化，通过互联网供给侧的能力去赋能升级工业链条中的“产、学、研、供、销、服”等过程，达到提质增效、降本增收的目的。在赋能升级的过程中，找到突破口是非常关键的，我们需要找到既有利于迅速开展工业互联网的相关应用，快速享受工业互联网供给侧的能力，又要尽快看到实际效果，落地应用，从而为企业全面开展工业互联网应用，开展数字化转型升级，走上高质量发展的道路打下很好的基础。因此，开展供应链和后市场等基于非生产端的工业互联网应用是一个很好的选择，企业应以此作为入口，不断迭代升级优化，不断解构创新发展。相信在不久的将来，基于非生产端的工业互联网应用一定会成为工业全面发展的新一轮增长引擎。

“汉萨同盟”之于工业互联网的启示

“汉萨同盟”与商人秩序

“汉萨同盟”是德意志北部沿海城市为保护其贸易利益而结成的商业同盟。“汉萨”一词对应的日耳曼语词 hansa 的原意为“集团”。同盟形成于 1356 年，极盛时加盟城市超过 160 个，同盟中心在吕贝克。

我是在看了施展的新作《溢出》才知道的“汉萨同盟”，那本书给我留下了很深的印象，施展书中最后得出的打造“商人秩序”的结论，其实也是起源于“汉萨同盟”，是“汉萨同盟”的升级思考。

所谓“商人秩序”是指一切市场的东西都应该由市场自主决定，以市场为导向，政府极少或者不要制定任何政策，不参与任何市场行为。

任何行业的发展和衰落、企业的成长和破产都应该由市场决定，受市场规律指引。真正的行业发展、市场繁荣，从来都是市场“自下而上”发展的结果。

本质上，“汉萨同盟”是 14 世纪商人为了反抗政府过多的指挥和压制而自发形成的联盟，也正是因为联盟的形成，才带来了 14 世纪到 15 世纪早期欧洲商业的繁荣。

工业互联网的现状："反马太效应"加剧

工业互联网行业本身存在供需不平衡的问题，仅工业互联网平台服务商就有600多家，在这么多服务商中一定存在各种同质化问题，扎堆的企业太多，核心企业太少，同时，工业互联网整个产业链并不完整，存在客户需求和实际供给没有很好匹配的现象。

工业互联网行业供给侧问题如下。

1. 在产业链上，扎堆多、核心少

工业互联网的产业链其实比较清晰，对于针对企业的数字化转型需要构筑的工业互联网平台来说，包括底层的云资源基础设施、数据采集硬件和平台、数据中台、技术中台、AI中台、业务中台、各种App、安全平台及开发平台等，其中必然出现各个厂家提供方要么集中扎堆、要么核心技术供应商缺失的现象。大量企业都在做着同质化的事情，不顾市场已经饱和的事实，各自为营。

2. 在资源分配、政策倾斜上不均衡

政府资源的供给应该提供给真正的"市场化企业"。所谓的"市场化企业"是指符合市场规律、掌握核心技术、真正为客户带来价值的企业，而不是给予本身没有实力、技术落伍的企业一定的资源倾斜。这么做本身就是不负责任，也会对其他企业不公平。

马太效应是让多的更多，少的更少或者没有，是让市场和客户认可的工业互联网企业更多，让不被市场和客户认可的工业互联网企业更少，而不是让不被市场和客户认可的工业互联网企业拿到补贴活得很好，让被市场和客户认可的工业互联网企业寒心。让市场回归自然、让客户回归理性，坚决不能出现"劣币驱逐良币"的现象。

"汉萨同盟"的实质：重新整合产业链、优化资源配置、使产业利益最

大化。

“汉萨同盟”在中世纪欧洲商业中起到的作用是很大的，其加强了德国北部城市的商业地位，对于中世纪欧洲的经济生活具有的经济意义比意大利北部城市的近东贸易的意义更大。意大利各城市经营的商品主要供封建主、骑士、贵族和主教消费，而“汉萨同盟”商人主要经营用途很广、供广大消费者使用的商品和原料，“汉萨同盟”对欧洲各国特别是北欧各国的经济发展起着积极的作用。

“汉萨同盟”价值的形成有几个很实际的案例。

鲱鱼是世界上数量最多的鱼类之一，受到欧洲人的广泛喜爱。直至今天，去荷兰及纳维亚半岛生吃鲱鱼，仍是一种特色活动。正是这道餐桌上的佳肴，缔造了荷兰和汉萨商人的辉煌。当时，波罗的海沿岸居民对鲱鱼的需求量很大，低价的鲱鱼可以为贫困者提供鲜美的肉质，还不受天主教斋戒的限制。但是巨量的鲱鱼捕捞，需要不同行业在各个环节的配合，发达的商业组织和协作机制是不可或缺的。巨量的鲱鱼不仅需要更多的人手，更需要完善的组织合作。“汉萨同盟”成型后，把贯穿鲱鱼制作的每一个环节都进行了优化——从渔网的制作到最终产品的售卖。商人从中获取了巨大的利益，从而完成了资本的原始积累。

鲱鱼业中涉及的手工业、食品加工业、造船业兴起，很快带动了其他一系列配套产业的发展。这些产业的兴起又带动了北海—波罗的海沿线地区的消费需求。

英国的羊毛、比利时的纺织品、俄国和波罗的海沿岸的木材和蜂蜡、德国的毛皮和小麦、瑞典的铜和铁矿石，都在“汉萨同盟”的组织下畅通无阻。

经过百年的“滚雪球”式发展，“汉萨同盟”从一个纯商业联盟转为带有政治性的半政治实体。“汉萨同盟”虽然松散，却有共同的目的，即确保在北海—波罗的海沿线地区进行贸易，维护共同的利益。

由此可见，整合产业链，优化产业链的各个行业，将资源、技术和业务深度融合，合理有效地利用资源，就会带来行业的长期发展和客户的持续受益，反过来又能促进产业的发展。只有这样才能是正确的良性循环和合理发展。

基于类似“汉萨联盟”的组织，对目前的工业互联网产业链进行深度整合，疏导扎堆的技术提供商，让专业的厂商做专业的事情，对紧缺的产业链薄弱环节进行强有力的支持，筛选出合适的企业予以大力扶持，鼓励具有集成整合能力的厂商进行集成应用，针对在某个领域具有“高精尖”技术的企业鼓励其做“垂直行业冠军”等。

将这些机制应用于支持好的体制与好的企业，资金扶持导向正确实用，行业风气开明民主……我相信随着市场和时间的发展，一定会出现“汉萨同盟”所处时代那般伟大的工业互联网时代！

总结

虽然近几年国家和行业对于工业互联网的大力推进能够引起广大工业企业客户的兴趣，但是距离客户真正买单和应用还有一段路要走，市场的爆发式增长尚未到来。

此外，工业是特殊的行业，对于互联网行业来说非常沉重。流程制造企业和离散制造企业不同，不同企业的特性不同、发展阶段不同等，导致工业互联网行业不会呈现爆发式增长。我不认同整个行业会出现的“马太效应”，而是极有可能出现某些细分行业的“马太效应”，这些行业一定是在各个方面条件都成熟的情况下，具备了工业互联网发展实施的条件，从而带来规模效应和爆发式增长。

基于此，在由实验性到应用性，从概念普及期进入实践深耕阶段的工业互联网发展历程中，我们应借鉴“汉萨同盟”的积极做法，深度整合产业链，合理配置各方资源，促使工业互联网产业深度整合和优化，我们不仅要赋能工业企业，更要赋能工业互联网从业者，促使工业互联网产业本身也能够优化资源、弹性供给、高效协同，这对于从事工业互联网行业的人来说，意义非凡！

| 工业互联网未来发展的 6 个趋势 |

对照梅拉妮・米歇尔在《复杂》书中提出的理论，工业互联网呈现出多种复杂系统的普遍特征，这些特征区别于单一技术和应用，在工业领域呈现出异彩纷呈的特性。基于对工业互联网技术和体系的长期观察和感知，我们从实践的角度预测工业互联网的发展趋势，希望对行业有一定的帮助。

弱化工业互联网技术，强化多角度、多领域融合应用

一般意义上讲，任何一个新行业的兴起，前期都会重点关注技术本身，也就是说关注技术的能力供给，行业发展到一定阶段，技术会逐渐成熟，会逐渐弱化技术本身，反而会更加关注技术的应用。

我们知道，工业互联网技术体系经过这几年的发展已经越来越成熟，架构包括平台、网络和安全，技术广泛应用于智能化生产、网络化协同、服务化延伸、个性化定制，包括商业模式、应用场景等。

但是，工业互联网也和一般的新技术领域的普遍发展规律一样，如果前期工业互联网一直在完善技术，并基于场景去验证技术和模式，那么现在的工业互联网已经不再纯粹讲技术，而是要落地到多角度、多领域的融合应用。例如，工业互联网在各个垂直领域里的深度应用，石化、钢铁、食品等流程领域，汽车电子、机械制造、纺织服装等离散行业……再如，工业互联网结合 5G、区块链的融合技术应用于智能矿山、物流运输等场景。未来，

工业互联网多角度、多领域融合应用的案例会越来越多。

客户认知被唤醒，平台价值凸显

我曾提出过一个观点：现在的客户越来越关注平台了。

平台的关注实际上是工业互联网的关注，也就是说，将工业互联网当作国家战略，国家、行业、企业和协会各个层次、各个领域都会直接或间接地宣传工业互联网的价值，广大的工业企业用户越来越认识到工业互联网的价值，以及工业互联网平台的价值。

如果客户有企业信息化、智能制造、技术改造等类似的计划和预算，按照目前的逻辑，传统的工业系统和工业软件也能够解决企业的诉求，但是，现在的很多客户都在要求供应商提供一个工业互联网平台作为基础底座去整体承载和管理相关系统，他们逐渐认识到，拥有一个好的工业互联网平台越来越重要。

这样一个趋势的产生，为工业互联网平台企业带来了无限的价值，一方面是基于平台的售卖变得容易，另一方面是以平台为核心的商业模式不再是镜中花、水中月，工业互联网构造的商业模式开始变得触手可及。

从仅强调企业应用，到重视区域和行业覆盖，最终到赋能企业

现阶段，工业互联网行业有个现象，一谈工业互联网就谈数字化转型，也就是说，目前工业互联网的主要战场是在企业应用。

大多数的工业互联网应用场景是基于工业企业的数字化改造，这是核心，但是除了以做项目的方式开展地推式企业数字化转型，是否有其他方式可以整体性地开展集群式数字化转型呢？

目前，多地正呈现构建区域级工业互联网平台和行业级工业互联网平台的趋势，各地政府和行业头部企业寄希望于通过构建工业互联网平台整体赋能产业。

在某一个区域，构建基于本区域的工业互联网平台，搭建符合本地的区域产业特点的底座和业务应用，为整个区域的工业企业开展数字化转型提供服务。

也有一些专有行业，也可能不限于某个区域，通过找到行业头部企业，为其构建行业级平台，然后赋能产业上下游工业企业，当然也不一定基于某个大企业，只构建一个行业级工业互联网平台来赋能产业上下游企业也是可行的。

我国工业大省正逐渐产生此类的集群式效应，例如浙江省的产业大脑、深圳市的产业集群等，工业互联网赋能体系正呈现越来越丰富的趋势。

工业大城市引领，二三线城市跟随，三线城市奇缺

早期工业互联网的主要应用场景是找大企业去赋能，然后把大企业作为标杆去宣传、商业模式闭环等，这些做法符合当时新业务、新业态的发展规律。而且，国内比较大的城市确实也是工业互联网的先行者，我国工业大省包括广东、浙江、江苏、山东等，这些省份在工业互联网领域发展得非常好。目前国内工业互联网发展比较好的城市，包括苏州、重庆、杭州、宁波、佛山等都在大力发展工业互联网。对于工业基础好的大城市，通过发展工业互联网去赋能工业，可带来工业整体的转型升级，带来工业发展的新业态、新模式，带来工业的腾飞，这是各大主要工业城市的主要诉求。

但是，随着工业互联网行业的快速发展，一些三线城市逐渐觉醒，也逐渐意识到工业互联网带来的价值和效果，这些城市一方面有极大的诉求去开展整个城市工业体系的重构和工业互联网的应用，另一方面又由于本身供给侧资源的缺乏，没有一个主要的抓手去协同推进工业互联网产业的落地，因此，这些城市对于互联网供给侧企业来说是一个极大的蓝海。

通过在大城市、大企业积累的经验和能力，赋能三线城市，开展工业互联网服务，这是一件多方受益的事情，会成为一种新的趋势。

平台逐渐分化，个别创新型业务模式成型，云业务市场空间广阔，把握生态主导权成关键

前期，工业互联网平台都基于一个发展模式，所以各大平台基本上都是同样的架构，基础设施即服务（Infrastructure as a Service，IaaS）、平台即服务（Platform as a Service，PaaS）、软件即服务（Software as a Service，SaaS），拥有数据采集、大数据处理、机理模型、数据算法等技术，几个平台基本都具备这些能力和技术。

可是，随着客户个性化的发展，企业需求不断变化，广大工业企业对于平台的诉求不一致，各类具备特色的平台逐渐出现，例如有些平台积累的化工领域的机理模型、知识库等多一些，有些平台积累的离散制造业企业多一些。总之，工业互联网平台会出现分化，更加适应于工业企业的诉求和应用场景。

此外，随着工业互联网的应用纵深发展，一些创新的业务模式逐渐取得一定的成绩，其商业模式闭环，既有技术和产品形态，又有标杆案例和实际客户价值体现，这些都在逐渐说明新兴业务正在逐渐成形和发展。

最近SAP（思爱普）的主要业务形态转为云上，这是一种信号，这意味着作为赋能工业企业最多的老牌工业信息化服务商都在接受云化业务，说明云的应用会成为一种趋势，未来很有可能已经购买和即将购买SAP产品的企业都会基于云化的形式去开展业务。

实际上，基于云的业务也在其他工业互联网领域成为一种趋势，区域工业互联网平台、行业工业互联网平台都是基于云的业务形态，大量的AR、VR应用也是部分基于云的，一些复杂类的AI应用、大数据处理、数字建模的应用等也都基于云的应用，云形态的工业互联网应用空间广阔。

未来，企业都会建设属于自己的平台，如何真正地满足客户诉求，除了平台本身需要具备特色，依附于平台的生态也会成为关键。一方面去极力开拓各类生态应用，包括关于软件服务商、渠道商、代理商等，另一方面不断

完善平台的技术能力，使生态合作伙伴可以拥有快速有效的复用平台能力并接入平台，打造基于平台的应用服务，即平台 + App 的应用体系，这或许是未来工业企业供给侧和需求侧达到双向互动的核心所在。

因此，把握生态主导权是关键，也是方向。

总结

工业互联网产业在不断发展，我相信未来会出现各类不同的模式、方法和理论，这些新形态、新模式的出现本质上也是工业互联网适应未来工业发展需求的自我调整和自我进化，我很期待未来的工业互联网演进。

工业互联网行业未来繁华“涌现”

“涌现”理论的主要奠基人约翰·霍兰德在《涌现：从混沌到秩序》一书中这样描述“涌现”现象：“在复杂的自适应系统中，‘涌现’现象俯拾皆是：蚂蚁社群、神经网络、免疫系统、互联网乃至世界经济等。但凡一个过程的整体行为远比构成它的部分复杂，皆可称为‘涌现’。”通常，**“涌现”是指一个系统中个体间预设的简单互动行为所造就的无法预知的复杂样态的现象。**

对于新业务、新行业来讲，“涌现”是指在一个新兴产业开始之初，一些小的技术发明，一些小的试点应用及一些基本的商业模式的产生，虽然前期比较弱小，甚至可能消亡，但是随着未来行业的不断延伸和发展，行业逐渐形成规模、产业逐渐走深务实，逐渐出现复杂的技术、复杂的商业逻辑和复杂的应用，产业逐渐兴旺。

工业互联网作为新兴产业尤其如此。起初，工业互联网只是一个基本概念，仅仅是几位专家或者行业专业人士脑中的知识雏形，随着政府、行业和产业的推进，基于网络、平台、安全的工业互联网架构出现，工业互联网体系完善，工业互联网案例逐渐丰富，工业互联网逐渐走向落地应用，成为真正的产业。近年来，随着工业互联网行业的各大平台企业对行业领域不断的探索，出现了大量的典型案例、典型场景、典型应用，工业互联网技术逐渐和其他技术融合，例如 5G + 工业互联网、大数据技术、AI、区块链等，目前工业互联网已经渗透多个行业，成为行业热点，工业互联网商业模式越来越丰富，产教融合、产融结合等新方向逐渐有了相关的实际案例，未来随着工业互联网的深耕细拓，工业互联网将逐渐出现越来越多的新业务、新形态、新模式。

这就是新兴行业的“涌现”逻辑。

中国工业革命对工业互联网的启示

我们追本溯源地开展一次探索。

《伟大的中国工业革命》一书中提到，中国工业革命的产生实际上有其基本的逻辑线，即中国工业革命并不是无规律突然产生的，而是按照一定的基础条件和发展规律逐渐产生的，其基本条件如下。

1.“政商结合”赋能工业快速发展

起源于英国的第一次工业革命就是在“政商结合”的背景下展开的，早在18世纪英国工业革命之前，欧洲各国正是在国家和政府的重商主义意识形态指引和国家力量强力支持下，商业和远距离贸易才获得长足发展和长期繁荣的。

自1978年中国改革开放以来，中国政府通过创造大量的乡镇企业和统一的国内市场引爆了供给和需求两侧的增长。20世纪80年代，中国工业的繁荣与英国工业革命（1600—1760年）前发生在乡村的原始工业化之间有本质的逻辑联系。在建立自由市场和其支柱——社会信任方面，在帮助建造大量的原始工业企业方面，发挥着同样关键的作用。

2. 起始于村镇经济的规模化市场开拓

起始于村镇的以简单劳动分工为基础的原生工业化阶段，随着村镇经济的发展，在原生工业化的末期，扩展了国内市场，提高了城乡购买力，这使劳动密集型的大规模机械化生产有利可图，这同时触发了对生产工具和生产方式的竞争和升级。

起始于村镇经济的中国工业革命，带来了规模化的市场开拓，从而使原始工业化发生并不断迭代，开启了真正的中国工业革命，带来了工业的大发展。

3. 以纺织业为代表的轻工业为开端，逐渐发展“三位一体”的重工业

不管是英国还是中国，工业革命的起源最早都是发生在纺织业，原因如下。

原因一：人类所有的经济活动中，吃穿住行是最基本的，而在所有的天然衣服纤维中，棉纤维是最具柔韧性的，最容易被机器控制的，更容易通过简单重复的劳动获得，也最容易形成机械化。

原因二：与其他行业相比，纺织品的市场潜力最大，收入弹性极高，所以纺织品市场快速发展，从而带来大规模生产。

原因三：早在英国工业革命前，英国政府已经培育了数百年的纺织品市场，英国拥有数量最多的原始纺织品工业，随着技术和市场的发展和开拓，英国纺织品市场发生了革命性转变，随之而来发生了机械化大规模生产的棉纺织业的工业革命。

在以纺织业为代表的轻工业得到快速发展后，英国需要大量的设备、机器去支持纺织业的发展，大规模、机械化的需求越来越迫切，重工业由此而生，“能源—动力—运输”三位一体的巨大工业需求由此应运而生，工业因此而日渐繁荣。

通过英国工业革命的发展路径可以看到，这就是“涌现”行为的基本形态，随着英国第二次工业革命进入后期，以工业互联网为主要手段的数字化变革的大幕即将拉起，未来工业数字化领域的“涌现”行为将越来越多。

同时，我们可以通过对比中国工业革命发展的起源和路径，预测工业互联网在整个工业体系下完全具有产生工业革命的潜在条件。

1. 工业互联网是“政商结合”的典范

长期关注和深入工业互联网行业的人应该有所了解，工业互联网初期是被政府引导、商界配合的行业，“两化”融合体系、智能制造等都促进和引导了工业互联网的发生。通过“政商结合”牵引出的工业互联网产业，符合工业革命的基本条件。

2. 工业互联网正开启中国规模化市场

目前，中国的工业企业有380万家，70%的企业已经开始着手数字化转型，因此需要大量的全面提供工业互联网业务的服务商，这为工业互联网开启了规模化市场。正因为有规模化市场的牵引，市场才会需要大量的服务商、平台商、渠道商、代理商等生态组合，需要大量的供给侧和需求侧的诉求，新技术、新模式、新商业层出不穷，工业互联网才会繁荣发展。

3. 工业互联网应用范围逐渐扩大，轻工业和重工业同时发力

目前，工业互联网产业联盟的会员数已经突破2000家，行业跨度非常大，不仅对轻工业赋能，还在重工业开展了很多工业互联网应用，以工业互联网为基础的数字化转型，成为企业开启下一个阶段高质量发展的基本能力，基于工业互联网的新模式、新业态、新生态层出不穷，产融结合、产教融合正逐渐开启应用，规模化场景络绎不绝，中国工业互联网产业已从顶层架构设计、小规模试点验证、单点浅层次应用的初级发展阶段，向数据深度融合应用、企业全面数字化转型的快速发展阶段过渡。工业互联网已经成为名副其实的朝阳产业。

因此，工业互联网符合中国工业革命的发展需求，匹配中国工业革命的发展路径，未来一定会是“涌现”发生的主要场景。

从“好东西”到“必需品”

目前，工业互联网已经成为工业企业绕不过的一道命题，即如何通过工

业互联网使企业开展数字化、智能化的转型。

工业企业通过工业互联网平台的建设，带来了以前不敢想、不会想、不能想的能力和效果，工业互联网带来的价值非常明显，具体表现如下。

面对企业生产工艺，工业互联网可以对过程参数和设备操作等数据进行全面分析，以找到生产过程中的最佳参数并提高制造质量。

面对企业生产过程，工业互联网平台可以分析生产进度、物料管理、企业管理等数据，提高生产进度、物料和人员的管理准确性。

面对企业质量管控，工业互联网基于产品检验数据和生产过程数据进行关联分析，实现在线质量检验和异常分析，以降低产品缺陷率。

面对企业设备维护，工业互联网平台结合设备历史数据和实时运行数据，构建数字孪生模型，实时监控设备运行状态，实现设备的预测性维护。

面对企业能耗管理，根据现场能耗数据和分析，合理规划设备、生产线和场景的能效，以提高能效，实现节能减排。

工业互联网平台可以连接生产现场数据、企业管理数据和供应链数据，提高决策效率，实现更加精确、透明的企业管理。

面对供应链管理，工业互联网平台可以实时跟踪现场物料消耗，并根据库存情况安排供应商进行精确分配，实现零库存管理，有效减少库存费用。

面对生产管控一体化，工业互联网平台打破企业内所有部门的“数据孤岛”和壁垒，实现企业管理和生产管控一体化协同。

面对企业决策管理，工业互联网通过对企业内部数据的全面感知和综合分析，有效支持企业的智能决策。

工业互联网平台正作为“好东西”被广大工业企业认知。

但是，有一点必须提及，“好东西”走向“必需品”还有很长的路要走。当你做出一个东西，是一个“好东西”，大家说“不错”“挺好”，但其实没用，或者用处不大，这样的东西往往活不下来，或者活得会很艰难。真正能够活下来的，能够成为“独角兽”企业的，是提供“必需品”的企业。

只有做出“必需品”，你才能够有竞争力。

正如《穿越寒冬》里提到：在“好东西”和“必需品”之间有巨大的鸿沟，如果你销售的是“好东西”，没有人，哪怕是你最好的朋友也不会长期使用它，我们都会关注那些“必需品”，工业企业很忙，没有人会关注那些无法提供必要的极致价值的东西，**这意味着产品提供的价值必须大于工业企业实际工作的惯性。**没有人喜欢改变，我们只有在迫不得已的情况下才会改变。

工业互联网平台目前是“好东西”，如何走向“必需品”是我们目前各大工业互联网服务商的核心命题，其实你只需要询问你的客户排在前五的优先事项是什么，如果你的产品无法帮助工业企业达成其中的某一个目标，你的产品马上就会被拒绝，即使你的产品能够满足他们排在第六、第七的需求也无济于事。因此如果你的产品能够被工业企业客户排在前三的优先位置，这可能就是“必需品”。

目前，大多数工业互联网平台企业的主要业务模式和业务场景是围绕企业非生产场景开展的，例如设备采集上云、后服务市场、供应链、车联网等，有些还专注于更加偏离工业生产场景的业务，**我认为，这些工业互联网场景的开展对丰富工业互联网的模式与业态有很大的帮助，但是，如果不深入企业内部核心生产场景，不聚焦企业生产诉求，不以企业降本、提质、增效的核心理念为主要出发点，工业互联网“必需品”便无从谈起，因此，要想打造工业互联网“必需品”，一定要先聚焦企业核心业务场景，解决企业核心问题，再开展其他相关的增值服务，未尝不是使工业互联网从“好东西”走向“必需品”的正确道路。**

总结

“涌现”行为无处不在，尤其是在新工业互联网领域。

我们有时在繁忙的行业开拓过程中抽身，冷静思考行业发展的时候，我们不得不感叹以工业互联网行业为代表的数字工业化浪潮风起云涌。

客观地讲，任何工业化浪潮都处于一个由低到高、由简到繁地采用新技术及实现在新产业上下游持续不断扩张其市场的动态反馈过程中：由需求推动，由供给维持。

一个成功的工业化过程（包含产业数字化和数字产业化）自始至终都是一个自下而上的，不断由底层需求驱动，并由前一阶段的储蓄来获得后一阶段融资的产业升级过程。每一个阶段都会遇到更新和更大规模市场的创造、发现和扩大的问题，这个过程会不断迭代，螺旋上升。

我想，这也是对工业互联网行业“涌现”逻辑的诠释。

第三章
进化之路

从 0 到 1：如何创立一家工业互联网公司

近期，某研究机构在调研报告中写到，目前工业企业中近 80% 的企业希望建设自己的工业互联网平台，很多企业也准备创立自己的工业互联网公司，服务自己和用户，赋能上下游企业、产业链，将 IT 部门由原来的成本中心向利润中心转变。

在工业互联网的大潮下，很多企业尤其是大型企业，在国家"新基建"政策的刺激下，有这样的诉求去创立自己的工业互联网公司是很正常的事情，但是，创立工业互联网公司并非易事，需要考虑的因素非常多，包括对工业互联网的理解、行业的分析等，也包括资本、股份的设定，还需要考虑组织的构建、人员的配置、企业目标和文化等，既需要顶层设计也需要具体落地措施。大多数企业并没有这方面的经验，尤其很多传统制造业企业，本身对 IT 产业并不是特别了解，对"新兴事物"工业互联网更是无从下手，本章将提供一些实践经验和思路，希望为广大工业企业带来启发性思考。

找到关键要素

我们做任何事情都要知道如何做，都有需要抓住的核心要素，工业互联网的路径一般有 4 个步骤：卡位、泡沫、落地和培育。在这个过程中，工业互联网企业起步阶段只要抓住几个核心关键要素，就可以达到事半功倍的效果。工业互联网企业起步的关键要素如图 3-1 所示。

打造影响力	构建工业互联网平台	对接行业组织	打造行业标杆案例	生态构建
• 参加重要会议 • 举办行业峰会 • 参与行业标准、撰写白皮书	• 参照工业互联网白皮书 • 工业机理模型 • 工业App • 开发者 • 国家级工业互联网平台会参与中国信息通信研究院测试	• 中国信息通信研究院 • 工业互联网产业联盟 • 赛迪 • 国家工信安全中心 • 咨询机构：高德纳(Gartner)、费雷斯特(Forrester)等	• 流程型制造业 • 离散型制造业 • 智能生产 • 智能产品 • 智能服务	• 底层技术找互联网企业合作 • 关键技术自己掌握 • SaaS应用开展合作 • 合作伙伴之间互相交流

图 3-1　工业互联网企业起步的关键要素

至少需要一个平台

一家工业互联网公司至少需要一个工业互联网平台，因为工业互联网平台是工业互联网体系的核心和载体，这个平台一方面是为了顺应国家政策、行业地位的需求，另一方面对于承载未来客户的业务需求也是至关重要的，这也是企业发展的核心能力。

有些企业构建自己的工业互联网平台，是希望其成为国家级或垂直行业级工业互联网平台，基于这样的诉求，平台需要按照工业互联网产业联盟发布的白皮书的要求去构建。

2020 年，工业互联网产业联盟在工业和信息化部的指导下，联合广大成员单位，历经 3 年时间，在 2016 年发布的《工业互联网体系架构（版本 1.0）》基础上，研究制定了《工业互联网体系架构（版本 2.0）》。《工业互联网体系架构（版本 2.0）》的主要内容如图 3-2 所示。

企业如果有了更深层次的诉求，希望切实为客户服务，希望在对外展示形象的同时，也要满足基本的企业经营诉求，这就需要生产切实满足客户需求的产品。工业互联网平台是一个很好的入门，它既可以作为产品为客户私有化部署，也可以加载很多工业 App 为客户提供 SaaS 服务。

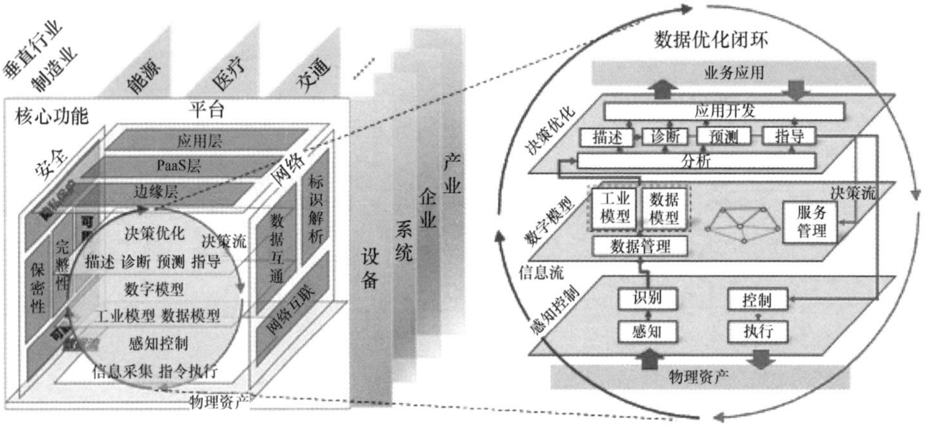

图 3-2 《工业互联网体系架构（版本 2.0）》的主要内容

对于起步阶段的工业互联网公司来说，构建一个非常完美的工业互联网平台比较困难，但可以通过一些方式尽快达成，例如自主研发，或寻求大型科技公司支持。本书比较推荐混合方式：**与大型科技公司合作或分清楚工作界面，核心技术需要企业自己来掌握，通用的、非核心的或者极其复杂的技术可以选择外包，同时考虑寻求一家大型科技公司开展长期战略合作。**基于以上几点，构建自己的工业互联网平台不再是难题，构建周期大约为 1 年，所构建的平台具备提供一些基础业务和 SaaS 应用的功能，后期还需要逐步完善。

落地措施简述

工业互联网平台落地措施既要结合构建和经营企业的普适方法论，也要结合工业互联网行业的特点，至少需要做好以下几点：

① 战略框架、市场规划、组织构建；

② 研发体系建设，包括平台、架构、运营、产品、数据、应用等；

③ 营销体系建设，包括客户策略、行业策略、区域策略、品牌体系、生态体系等；

④ 其他方面建设，包括公共关系、人力、财务等。

1. 秉承现有的企业文化，打造工业互联网企业特色

一家企业能够发展，文化氛围非常重要，在秉承现有企业文化的基础上，首先要确定工业互联网公司应该需要一个什么样的文化，需要打造以市场为导向，以客户为出发点，聚焦市场，聚焦产品，凝心聚力、奋斗拼搏的企业。

另外，企业需要多研究工业互联网，围绕工业互联网的行业、体系和文化构建企业基石，既需要有工业特色，也需要借鉴互联网企业经验，打造自己独特的工业互联网文化体系，作为企业独特的产业符号。

2. 坚持打造以市场为导向的组织架构

以市场为导向，需要打造支撑以市场为导向的组织架构，这涉及三大版块：业务部门、支持部门和后勤部门。此外，对于以市场为导向的企业，需要打造合适的人力体系和绩效体系，员工能打仗、能拿单、能做好支撑。对于能给企业带来帮助的员工，要鼓励和给予奖励。

3. 签订大客户订单、大项目，加大市场宣传，打造声势

企业的发展很多是靠大订单、大项目获得的，与几个大客户签约，落地几个大订单，树立标杆案例是当务之急，借助行业和企业的各方面资源，引入大型合作打造声势，为后续发展做好铺垫。

4. 引入渠道和合作伙伴，打造生态体系

针对企业的状况，亟须引入渠道和合作伙伴，打造生态支撑，构建生态体系。

一是需要积极发展渠道、代理商，不断拓宽营销渠道、合理建设及利用营销资源，快速拓展外部市场；积极发展优质代理商，设置相应的合作模式和代理商指标。

二是拓展垂直行业合作伙伴，弥补产品和渠道短板，丰富产品货架，支

撑更广泛的业务拓展。未来要引入众多合作伙伴，从前期品牌增益、合作互惠中继续深化合作，以产生落地项目和实际收入为目的，达到生态共赢。

5. 确定产品战略，构建产品体系，打造自有产品

没有产品的企业是没有灵魂的，企业需要打造自己的产品体系和产品，需要结合市场构建自己的产品方向，包括战略、产品模式、方法体系、研发机制，最终要面向市场，不断迭代，构建合理的研发人才队伍，为未来的发展助力。

6. 全国布局：分 / 子公司（办事处）建设

分 / 子公司（办事处）是企业未来开拓市场的重要一环，对于品牌、市场、指标具有重要的作用，构建分 / 子公司（办事处）体系需要先以营销为导向，找好、找对负责人，通过负责人开展人员招聘，确定指标和绩效机制，之后打造团队，开展市场行为。另外，各分 / 子公司（办事处）也需要维护各地市关系，积极拓展行业客户和合作伙伴，对于分 / 子公司（办事处）的管理机制和指标也需要结合当地业务规模做出具体设定。

更高层面的思考：如何从1到100

企业在“活”下来之后，就要思考怎么活得好，“创业容易守业难”，企业走过了初期的艰辛，就要思考如何更好地发展，从项目导向型、产品导向型企业发展成为平台导向型、生态导向型企业，初创的工业互联网公司建议从 3 个方面思考如何开展各项业务，包括与大型科技公司深度合作、充分利用自身的产业优势，以及获得政府的大力支持。

与大型科技公司深度合作。初创的工业互联网公司一般技术底子比较薄弱，与大型科技公司的合作会获得极高的技术收益和生态收益，此外，在项目和经营上也会得到很多助力，同时，大型科技公司之所以和初创的工业互

联网公司开展合作，主要是看重其背后的母公司背景，它们也需要案例和标杆，因此，两者各取所需，相得益彰，共同受益。

充分利用自身的产业优势。自身的产业优势包含两个层面的意思：一是需要初创企业充分利用自己集团公司或者母公司的优势，扩充自己的实力；二是初创的工业互联网公司也要利用工业互联网政策优势和自身产业特点去开展业务，例如在和客户交流的过程中，可以向客户展示自己既懂工业也懂互联网，工业客户不如自己懂互联网，互联网企业不如自己懂工业客户，这就是差异化战略。

你的“护城河”在哪里?

迈克尔·波特在行业竞争五力中提到，企业的核心优势是总成本领先、聚焦和差异化，另外，我们还知道企业的最终归宿是客户，而客户最关心的是产品、价格和服务。

因此我们的结论呼之欲出：企业如果想做好，就必须穷尽自己的能力去降低自己的成本，聚焦 1 ～2 个核心产品，找到自己的核心优势实现差异化，而这些都是构筑“护城河”的基础。

总结

对于一家初创型工业互联网公司来说，缺乏品牌优势、技术能力亟待提高、没有成熟的优质产品打动客户……唯一有的就是企业的热忱，因此，初创型工业互联网公司切实可行的做法是在项目管理和交付上多下功夫：提高交付效率和质量，控制成本，提高客户满意度。

只有这样才能快速渡过初创阶段的危险期，不断地积累客户资源，为产品的开发营造合理的缓冲期，从而逐步走上构筑企业自身“护城河”的坦途。

|从 1 到 100：如何经营一家工业互联网公司|

从1到100：如何经营一家工业互联网公司

我们已经基本了解了一些工业互联网公司创立的核心要素，其实这个话题还有很多可以深入挖掘的地方，我们在创立了一家工业互联网公司之后，如何经营和发展它就成为企业必须要面对的话题。

经营一家工业互联网公司其实是很有难度的，这是一个管理和实操层面的问题。虽然管理大师（例如，德鲁克、迈克尔·波特、约翰·科特等）会告诉我们很多方法，但实际上经营一家企业已经很难，更别说经营好一家企业。如今，企业从创立、成长、发展到灭亡的速度越来越快，海尔集团 CEO 张瑞敏曾说："只有时代的企业，没有成功的企业。"因此我们需要始终带着思考去不断学习如何经营好一家企业。华为公司总裁任正非曾说："每家企业都最终会走向死亡，这是事物发展的真理，不可更改。华为也会死亡，而我们的任务就是使这个过程尽量慢一些……"因此，我们在这里讨论如何经营一家工业互联网公司，除了要探讨公司的经营，还要兼顾工业互联网的行业属性。

战略领先：创立概念，行业引领，高维打击

显然，现在发展势头稍微好一些的工业互联网公司都在制造或引领一些

概念，这是有逻辑关系的。

对于工业互联网这样一个新兴行业来说，如果从一开始就没有在更高的理论维度占领“高地”，就会对未来的发展不利，我们既需要用自己的思路去广纳合作伙伴，助力品牌发展，也需要借助理论高度引导出自己的优势开展客户合作。

自工业互联网概念出现以来，一些公司，尤其是“双跨”平台不断提出一些新的概念，例如，“大规模定制、工业新引擎、换道超车”“一横多纵”“双蛋黄”“最懂制造”“1+*N*”等，通过打造概念树立了自己的风格和特色，然后让更多的行业客户认识它们，这是很多工业互联网公司一开始采取的策略。

随着行业的深度发展，工业互联网行业的大多数企业正在从“刚刚起步”到“逐步推进”的阶段，更多的企业关注的是具体的落地措施。因此，思想引领需要做，但是要更多地走向实践落地，另外，还要考虑国家热点，例如，新基建、5G 等，再结合自己的优势和特色，构建企业自己的工业互联网品牌，达到战略领先、引领行业、高维打击。

平台要有先进性和独特性

自从工业互联网诞生以来，工业互联网平台的核心地位就设定好了，工业互联网平台是工业互联网的核心和载体，也是未来承载企业用户的平台，也是为客户打造私有化解决方案的核心，总之，构建平台始终是产品层面的重点。

中国信息通信研究院、工业互联网产业联盟在发布的《工业互联网体系架构（版本 2.0）》中，既肯定了 1.0 架构的基础，又在 1.0 架构的业务、功能、实施上做了很多深入的探讨，其中重点提出数据和实施的重要性。

这里讲一下数据的重要性，很多人把新基建、数据和工业互联网做了一个形象的比喻：新基建是“路”，数据是“油”，工业互联网是“车”，广大的工业企业，搭上工业互联网的“车”，加上数据的“油”，奔驰在新基建的“大路上”……其中，数据的价值可见一斑。

伴随数字经济的高速发展，数据跃升为与土地、劳动力、资本、技术等传统生产要素并列的第五大生产要素。相比传统要素，数据与众不同的价值在于对其他要素具有乘数效应，可以放大劳动力、资本等生产要素在社会各行业价值链流转中产生的价值，推动经济高质量发展。

换句话说，数据的收集、存储、应用将会是企业的核心工作，企业的数字化资产会成为未来企业最重要的资产之一，因此，**企业尤其是工业互联网企业，需要重视加强工业互联网平台中数据的采集、清洗、优化、存储和应用，打造适合数据的底层技术平台和业务平台，构建企业的数字资产，重视5G和边缘计算的实际应用，构建符合未来数据发展的工业互联网平台。**

另外，工业互联网平台发展一个重要的趋势是低代码化或无码化，业内很多专家对于工业互联网平台的低代码化不是很看好，这是因为低代码平台的应用场景不是很丰富，有开发能力的企业基本上都想自己构建开发体系，不希望应用低代码平台；缺乏实力的企业，IT人员和数字化人员较少，而且人员开发能力也比较弱。低代码平台只有对于某些有开发诉求，而且IT技术人员水平还不错的企业才比较适用。

但是，我们不得不说这是一个趋势，例如，新冠肺炎疫情期间，企业无法正常开展经营，很多应用场景都需要数字化手段来解决，快速打造符合企业业务场景的应用是当务之急，构建一个敏态的低代码平台，并在低代码平台上快速开发适合企业业务场景的应用，就能非常好地解决这一问题。西门子股份公司不惜重金收购了Mindx公司，希望借助Mindx公司把其工业互联网平台MindSphere构建得更加完善，这对其他的工业互联网平台也有借鉴意义。

除了低代码化，企业要更关注工业互联网平台的运营，不管平台的使用主体是企业内部还是客户，运营始终是重要的一部分，通过运营聚集生态和业务，把平台变成一个真正的载体，承载从端到端的客户业务诉求。设备、数据、业务和应用，都可以通过运营体现价值。

因此，工业互联网企业需要特别关注两类人才的引进，一类是数据人才，另一类是运营人才，在职位的设计上可以设首席数据科学家和首席平台运营官。通过两类高端人才的引进，聚集团队，把工业互联网平台打造成兼具先进性和独特性的行业明星产品。

最后说一说特色问题，很多案例证明，工业互联网不是“汪洋”，可以随便跨行业，工业互联网是“池塘”，一个一个的具体行业有具体的技术诀窍和专业知识，因此，未来工业互联网的机会就是在具体细分的垂直行业，需要专注于流程型行业或者离散型行业，需要深入了解化工、钢铁、机械、电子等行业。互联网头部企业负责提高基础设施水平，其他的由垂直行业的领先企业去做，“双跨”本身只是一个过渡，是国家为了激励行业采取的措施，不必作为唯一目标，企业真正的市场还是在自己熟悉的细分垂直行业。

重视工业互联网类项目申报

每次在申报工业和信息化部各类项目的时候都是各大工业互联网公司比较忙碌的时候，每年的工业和信息化部专项基金是国家支持行业发展的一种方式。

工业互联网公司需要重视申报项目，包括申报前的选题、联合体、合作分成、责任边界等，都需要了解清楚，也需要把握申报过程，读懂申报材料和验收、测评方式，也需要重视项目的验收，做到项目真实有效。

公司内部需要一个公共事业部类的部门牵头，以此为中心，组建联合小组，设定一个牵头人，把技术、产品、品牌、营销等部门的精英借调进来，开展半封闭式头脑风暴，短期内通过高强度工作完成申报。当然，有经验的工业互联网公司可以把过去的材料，再结合最近的行业变化重新梳理一下，会更加快速有效。

另外，需要重视的是，工业和信息化部对于项目申报的审核会越来越严格，随着行业的纵深发展和申报的企业越来越多，资金发放的把控也会越来越严格。实际上，参与工业互联网创新工程等项目的申报对于提升工业互联网企业在工业领域的曝光度和影响力，打造工业互联网生态和企业拓展业务都有重要的促进作用。不管从哪个维度分析，近年来，申报工业互联网项目依然是一项“多快好省”的重要工作。

融资——走向资本市场

自 2019 年开始，很多工业互联网公司都进行了融资，2019 年 12 月到 2020 年 4 月初行业融资案例见表 3-1。

表3-1　2019年12月到2020年4月初行业融资案例

公司简称	公司类型	交易轮次	时间	交易金额 / 元	投资方
海尔数字科技（卡奥斯）	通用型平台	A 轮	2020-4-1	9.5 亿	结构调整基金、城投控股、招商致远资本、投控东海、同创伟业、赛富投资基金、吉富创投
优也科技	垂直行业平台	战略投资	2020-3-31	千万	用友
埃睿迪	平台解决方案	战略投资	2020-3-23	5000 万	字节跳动
浪潮云	通用型平台	C 轮	2020-3-17	1 亿	未公布
上海慧程	平台解决方案	C 轮	2020-3-16	过亿	东方嘉富领投、红点中国
埃克斯工业	平台解决方案	Pre-A 轮	2020-3-12	数千万	红杉中国种子基金
湃方科技	平台解决方案	战略投资、A 轮	2020-3-10	数千万	创新黑马基金、百度风投、经纬中国
蘑菇物联	细分应用	B 轮	2020-2-12	未公布	GGV 纪源资本、元禾原点、银杏谷资本
润石科技	平台解决方案	Pre-A 轮	2020-2-10	数千万	嘉御基金
徐工信息	通用型平台	A 轮	2019-12-16	3 亿	高瓴资本、赛富投资基金、高能资本、中新融创、交汇点新闻、马鞍山基石浦江资产
不工软件	细分应用	B 轮	2019-12-13	2000 万	蜂巧资本、米筹金服

融资是目前工业互联网公司发展的必要阶段，其中的原因如下。

对于工业互联网行业来讲，或者对于任何一个处于初期发展阶段的行业来讲，市场需要培育，客户需要引导。工业互联网行业很难实现短期盈利，当然也有很多公司依靠母体企业，有一些业务支撑，也有一些公司旧有的传统业务作为一定的支撑，这些公司可能会做到收支平衡，但是大多数工业互联网公司实际上是亏损的，如果以财务的视角来看，这些都是“不良”公司，但是，作为新兴行业，工业互联网的很多参与公司即便不盈利，也会有投资企业愿意投资，因此，双方一拍即合。

另外，工业互联网未来到底如何发展，我们都无法给出一个明确的答案，借助融资手段，确保未来3～5年的经营，是工业互联网公司当下最优的战略诉求。

既然提到了融资，找哪些企业融资？企业估值多少？出售多少股份？是构建持股平台还是有其他方案？将来如何做股权激励？这些都是企业运营者和投资机构需要重点考虑的事情，但是，对于工业互联网公司来说，和普通的企业融资不同的一点是：工业是国家的未来和支撑产业，工业互联网企业的使命是为了工业的未来。我们不希望看到很多工业互联网公司扛了大旗却不作为，以融资上市为最终目的做工业互联网，等到融资上市之后，阻碍行业的发展，损害客户的利益……希望这样的事情不要发生。

分/子公司的建立和定位升级

企业在融资之后，就应考虑扩大经营规模和范围，分 / 子公司的建立成为企业必须考虑的事情。

现在很多城市都希望引入工业互联网公司，成立分 / 子公司，一方面响应当地发展的需要，通过这些工业互联网公司引领本地工业互联网的发展；另一方面，落地区域分 / 子公司，当地政府会提供一些优惠政策，包括资金、税收、人才政策的支持，企业还可以以此为基地开展具体业务，开拓市场。

对于分 / 子公司的业务范围，我在之前的章节也讲过，刚开始是以营销团队为主，扩大市场规模，多签订单，提高销售额和利润是主要指标，但是随着工业互联网的发展，企业需要对分 / 子公司进行定位升级。

分 / 子公司在发展前期资源有限，各种资源减配，但随着业务的开展，分 / 子公司除了承担业务开展外，还要有序逐步提档升级，逐渐走向独立，其发展阶段如下。

第一阶段为市场突破期（3 年）：开展价值客户突破，整合内部资源，以销售和经营客户关系为主，全力开拓市场，达成业绩指标。

第二阶段为快速增长期（3 ~5 年）：实现价值客户和产品的规模突破，开展本地团队建设，结合内部和外部进行资源整合，可以适度搭建交付团队。

第三阶段为稳定增长期：实现价值产品、客户、区域规模突破，构建中层干部梯队，实现“平台 + 交付 + 客户”的全面整合，构建全面经营指标体系（业绩指标、项目交付、人员等），建设和谐良好的商业环境，积极成为独立个体。

在分 / 子公司的发展过程中，分 / 子公司需要始终与母公司文化和发展方向保持一致，在保证业绩指标和市场开拓的同时，逐步走向独立自主发展经营，建立具有自己区域特色的研发、产品和交付团队，合力开拓市场。

总之，公司发展的核心是业绩指标的增长，分 / 子公司的建设是这一过程的加速器，适度有效地构建分 / 子公司是公司快速发展的关键所在。

创新：创建专家库、研究院以及成果转化中心

当工业互联网公司发展到一定的阶段时，创新业务应提上日程，需要开展一些极具工业互联网特色，又能带来影响力和业绩的创新型业务。

目前，行业内很多公司在创建专家库、工业互联网研究院和成果转化中心。

任何行业都需要专家引领方向，工业互联网尤其如此，作为新兴行业，

需要引入“智脑”，在公司发展遇到瓶颈时给予一定的指导和引领，在公司需要打造影响力时，专家能够给予一定的支持。

工业互联网公司建设工业互联网研究院的主要目的是聘请高端研究人员运用目前行业的先进技术（例如，区块链、人工智能、量子技术等），完善和丰富工业互联网平台，从而有效地服务客户，并开展培训推广等工作。另外，工业互联网研究院需要研究基于工业互联网平台的各种技术和应用支持工业的发展，例如，开展预测性维护、设备生命周期预测，需要开展各类测试床的研究，一些好的研究成果可以孵化为产品，服务广大的客户。

工业互联网公司成立成果转化中心的目的是把公司研究的工业互联网相关成果进行产业化，产业化不应局限在自家公司，也可以作为行业的整体性输出带给其他有需求的公司。我国科技成果的转化率不足30%，期待工业互联网的成果转化能够真正做到为工业行业的发展带来帮助。

工业互联网的创新有很多种，主要是以工业互联网体系为中心，可以旁征博引，也可以借力发展，总之，打造适合工业互联网体系的行业创新，为工业企业带来真正的有价值的创新，一定是未来的主流趋势。

总结

《明智转向：一本书读懂企业数字化转型战略》一书中提到了禁锢价值，企业都会被各种各样的原因限制，导致其本身价值没有得到展现，其隐藏的禁锢价值非常巨大。因此，企业存在巨大的禁锢价值缺口，禁锢价值主要存在于3个领域：业务、价值链和业内新兴的价值链模式。如何打开企业的禁锢价值缺口，如何保持企业高速增长，是企业管理者需要面对的课题。

作为工业互联网行业的从业者，我们需要在全面掌握工业互联网理论的基础上，结合行业的发展趋势，在战略、技术、业绩、资本及创新等领域有所建树，不断深耕细作，精益求精，释放工业互联网的禁锢价值，助力企业的快速发展。

纵观工业互联网行业，面对数字革命引起的颠覆性浪潮，有人激进、有人保守，历史经验表明，凡是靠概念起家，没有充分借助行业红利发展期的企业，结局都很惨淡。所有成功熬过初创期和转型期，借助概念和趋势实现核心价值增长的企业，都存在一些共性，即在旧有业务、现有业务和新兴业务之间实现了巧妙平衡，并能对企业的核心资产进行妥善配置和利用。

工业互联网产业似新非新，新旧迭代，是旧有业务、现有业务和新兴业务的结合体，希望工业互联网企业能够厘清不同业务主体之间的关系，构建自己的核心价值体系，积极释放禁锢价值，在打造企业从 0 到 1 的基础上，实现转型升级，走向从 1 到 100 的发展之路。

| 区域级工业互联网平台建设经验分享 |

建设经验分享

随着工业互联网产业不断向纵深方向发展，市场呈现出很多新趋势，传统意义上的工业互联网是企业数字化转型的载体和工具，企业通过数字化转型走上了高质量发展道路，因此，工业互联网的天然应用场景是包含大量工业现场的工业体，做好工业企业的工业互联网应用，是目前工业互联网行业发展的主流。

改革开放四十多年来，我国形成了众多具有本地特色的产业区域，产业经济特色区域的形成是发挥当地基础产业结构和人力结构的最佳方式，这些产业区域构成了具有我国社会主义特色的经济发展形式，但是，随着国际国内经济政治形势的发展，再加上新冠肺炎疫情，我国构建了以国内大循环为主、国际国内双循环为辅的新经济形态，如何适应新形势下的新业态，如何在开启国内大循环的背景下继续发挥本地区域特色产业，优化和提升产业结构，保证产业结构合理、产业区域经济稳定等，这是工业互联网行业面对的极大挑战。

因此，作为工业互联网的从业者，通过工业互联网的抓手，构建符合我国国情、能够满足本地区域经济特色的区域级、地市级的工业互联网平台，成为各地政府优化当地产业结构、总体高质量提高地市级工业产值的有利方式和最佳路径。

建设意义

建设区域级工业互联网平台对于区域地市级政府、产业、企业的意义重大，其社会效益与经济效益也十分明显。

1. 对政府的意义

成为当地工业发展的重要抓手：政府可以借助工业互联网平台履行管理与服务职能，使政策资源的使用有的放矢，在保证措施和政令行使有途径的同时探索基于平台的产业融合发展和推进示范性产城建设等工作的开展。

落实本地政策导向：建设工业互联网平台涉及包括“两化”融合、“互联网 +”、供给侧结构性改革、“双创”、工业大数据发展、工业互联网等政策的具体指向和落地。

服务型政府建设载体：工业互联网平台包括为产业服务、为企业服务、为社会经济发展服务、为创新发展探索服务、增强调动社会资源能力等功能。

工业大数据应用的依托：工业互联网平台可以实时感知工业发展态势，使工业决策有依托，统计分析及时准确，开展及时的风险预警，引导和利用数据商品消费习惯等实际应用。

此外，建设区域级工业互联网平台还可以保证增加本地税收，完善工业发展环境，带动产业 GDP，增加固定资产投资，带动信息消费，增加就业，吸引人才落户，吸引中外企业入驻等。

2. 对产业的意义

在产业链上：工业互联网平台推动行业集聚，打破地域限制，优化产业链的资源和服务，保障整个工业产业链运行高效、合理、有序。

在资源上：工业互联网平台打破市场格局，实现资源共享，优化资源供给和结构，保障各种渠道资源的有效利用和配置，从而实现集约化资源供给。

在服务上：工业互联网平台可以整合平台资源，实现服务一体化，保证各类服务体都可以有效地实现服务资源的获取和输出，实现共享式服务的开展。

在经济上：打造工业互联网平台的“明星效应”，通过构建平台，在产业链、资源配套充分发展的同时，保证当地经济活力有序，一些优势产业对外输出，获得经济上的巨大收益。

3. 对企业的价值

降低信息化投入成本：工业互联网平台降低了企业信息化成本，增强了创新要素融合，提升了企业信息化水平，强化了网络应用水平。

提升经营灵敏度：工业互联网平台增强了企业利用更广泛的资源的能力，形成由需求驱动的生产力与供给能力。

提供多样化的营销手段：工业互联网平台扩展营销渠道，打破传统的营销理念，贯穿上下游产业链，实现产业集聚与协同。

提高发展核心竞争力：工业互联网平台可以提高企业管理水平，提高企业生产效率，打造品牌效应，增强企业竞争力。

4. 经济与社会效益

区域级工业互联网平台建设及启动运营后，通过帮助企业使用平台的工业软件服务、生产智能化改造，协同网络化生产、服务化延伸，以及获得金融帮扶资助等，结合工业互联网的网络价值放大效应，对于一般地市级区域来说，可为服务对象降低成本，提高收益并拉动区域内产值增长。

从推动企业使用平台服务角度：如果按 3 年推动千家企业使用平台服务，按每家企业平均每年节约信息化费用达万元估算，则每年可直接节约近千万元成本，3 年节约近亿元成本。

从智能化生产改造角度：通过帮助企业实现设备连接、远程管理；通过预测性维护等手段，可为企业节省设备运维成本，减少生产计划外停机造成的损失；通过采集产品质量参数、生产工艺参数，可提升良品率。通过企业能耗监测和分析，优化企业能耗，可节约成本。按千家企业规模使用生产智能化相关服务，平均每家企业每年产生效益在万元以上，3 年可累计产生亿元以上效益。

从协同网络化生产角度：通过工业互联网平台优化资源配置，以协同、租用、分包等手段降低平台协同企业在研发、物流、设备、仓储、库存方面的成本，按千家企业规模进行协同网络化生产，预计 3 年可创造协同式生产收益达亿元以上，节约企业成本达亿元以上。

从服务化延伸角度：通过为制造型企业提供服务化延伸基础设施和技术支撑，扩大装备、汽车及零部件、工程机械、电子信息等产业在后服务市场的规模，3 年可创造新的市场价值在亿元以上。

从金融帮扶角度：工业互联网平台可为供应链企业提供金融帮扶服务，解决账期过长、资金周转困难、融资贷款难等问题，3 年计划为近百家供应链企业提供服务，加速供应链企业生产周转和扩大业务规模，创造亿元以上新增价值。

如果基于明确的目标客户群体、收益手段和运营模式，拥有良好的市场前景，在各种配合条件基本满足的前提下，则前期运营预计产业链协同会带动相当数量的企业，吸收相关产业带动就业，提升整体经济收入水平，大大节约企业信息化成本。区域级工业互联网平台提供的基础支撑和创新应用，结合生态，发挥工业互联网巨大动能，帮助本地企业实现智能制造和信息化水平的跨越式提升，可以带动本地经济效益和发展质量再上一个新台阶。

建设模式

目前有很多开展区域级工业互联网平台业务的企业，除了品牌号召力较强的互联网企业，一些大型的工业互联网平台企业及各类具备平台落地实施能力的企业也参与其中，结合各类区域工业互联网平台建设企业的经验，区域级工业互联网平台建设的商业模式如图 3-3 所示。

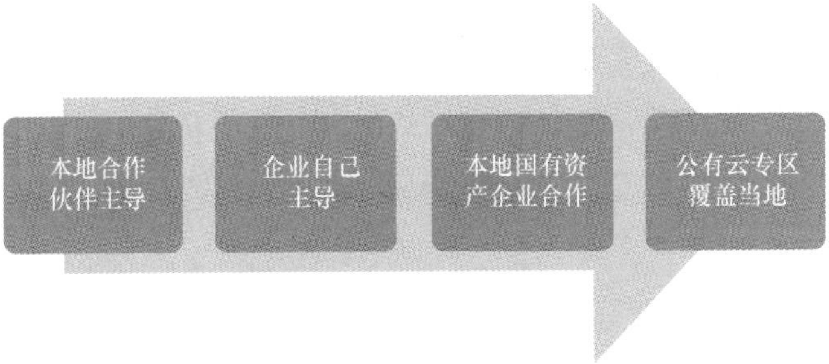

图 3-3　区域级工业互联网平台建设的商业模式

1. 本地合作伙伴主导

本地合作伙伴与地市、区县或管委会等单位联系紧密，本地合作伙伴希望成为工业互联网基地的运营商。另外，政府有招商需求，希望引入落地企业，同时当地有制造业基础，需要区域工业互联网平台支持和赋能当地产业。

2. 企业自己主导

地方政府希望与有落地意向的企业直接合作，地方政府需要有落地意向的企业成立实体公司。政府有招商需求，希望引入有落地意向的企业，这要求本地有制造业基础，落地企业自身的品牌度较高，地方政府对于落地政策支持力度较大，适合成长期的企业。

3. 本地国有资产企业合作

本地国有资产企业有战略转型的需求，本地国有资产企业期待与有落地意向的企业合作，同时政府希望引入有制造业基础的企业，这要求合资成立的本地企业可以承担运营职责，有利于拥有本地国有资产背景的企业在业务上可以有力支持运营公司开展业务。

4. 公有云专区覆盖当地

地方政府希望引入工业互联网平台服务，地方政府对平台企业的资金支持力度不大，只需要提供公网专区类服务，这种方式本质上是公有云专区服务，对于企业来说成本低，不需要投入太多，便可以快速拓展业务。

核心要素

建设一个区域级工业互联网平台的成功因素有很多，在这里列出比较重要的工业互联网平台建设核心六大要素，作为参考。区域级工业互联网平台建设核心六大要素如图 3-4 所示。

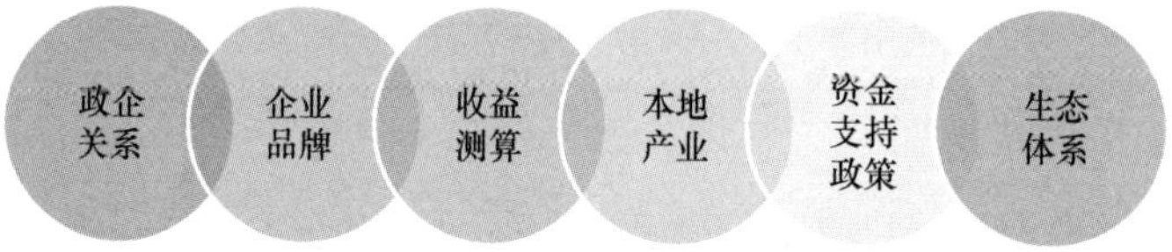

图 3-4　区域级工业互联网平台建设核心六大要素

1. 政企关系

建设区域级工业互联网平台需要有较好的政企关系，企业可以直接和地市级政府高层领导对话，这样一方面可以快速地传达企业的想法和展示企业的能力，另一方面也可以争取到符合企业诉求的支持政策和措施。

2. 企业品牌

企业品牌对于地市的吸引力很重要，一般的地市都有招商引资的需求，而且支持力度和扶持资金较多，甚至对于有品牌号召力的企业可以做到“一事一议”，针对区域级工业互联网平台的落地，如果有好的品牌加持，可以起到事半功倍的效果。

3. 收益测算

按照市场规律，等价交换是核心因素，因此做好收益测算是非常重要的工作，对于地市级政府来说，经济因素可能是其主要考虑的因素，落地区域企业可以列出要做的工作，并针对这些工作和达成的业务评估其带来的价值，包括经济收益和社会收益，例如，企业为当地政府构建工业互联网平台并负责运营，开展企业上云、人员培训、金融帮扶等工作，也会做一些资源和生态的导入，还会举办各类大赛、峰会、研讨会等，同时更多地开展为企业构建智能工厂等业务，经过测算收益，如果持续运营 5 年的话，一般正常情况下收入预期总计会达到亿元以上规模，按照平均产生 8%～10% 直接税收进行估算，预计产生直接税收在千万元以上。这些测算依据促使当地政府认识到建设本地工业互联网平台的价值。

4. 本地产业

建设区域级工业互联网平台一定要经过前期的交流和调研，了解区域当地的产业结构，例如区域的经济情况、地理情况、政治生态等，也要了解当地的人文特色和风俗习惯等，更要了解当地的产业结构和人才情况，这对于评判开展深度合作及采用何种商业模式开展合作至关重要。例如，经过了解，当地已经引入了多个品牌的合作商，和企业品牌有直接冲突，不一定适合落地平台；当地产业以化工、水泥为主，并不适合以离散业务为主的工业互联网平台；当地都是大企业引领，中小企业少，也不适合工业互联网平台的构建等，这些因素都是评判落地本地工业互联网平台的关键参考要素。

5. 资金支持政策

对于致力于落地及长期运营的企业来说，有一个好的资金支持政策是非常重要的，目前很多工业企业对于资金支持比较看重，这会占用他们决策比例的三分之一，各地市的资金支持比例参差不齐，有些支持平台企业，有些支持工业企业的智能制造项目，有些支持技改项目，有些支持的软件和硬件的比例也不一样……灵活运用当地的资金支持政策，对于开展运营业务非常重要。

6. 生态体系

对于区域级工业互联网平台，生态体系的构建是非常必要的，对于很多企业来说，有些企业只开发基于区域的工业互联网平台，平台之上的各类应用是由合作伙伴支持的，本地的产业和企业更加看重平台提供的服务，很多具有特色产业的本地政府更看重平台带来的价值，而真正对本地产业有帮助的直观价值就是其生态合作伙伴提供的价值，因此构建一个合理有效的生态体系对于整个区域级工业互联网平台来说非常重要。

关键阶段

按照项目周期的正常逻辑，并参考本地地市工业互联网平台项目的特点，区域级工业互联网平台建设的全生命周期如图 3-5 所示。

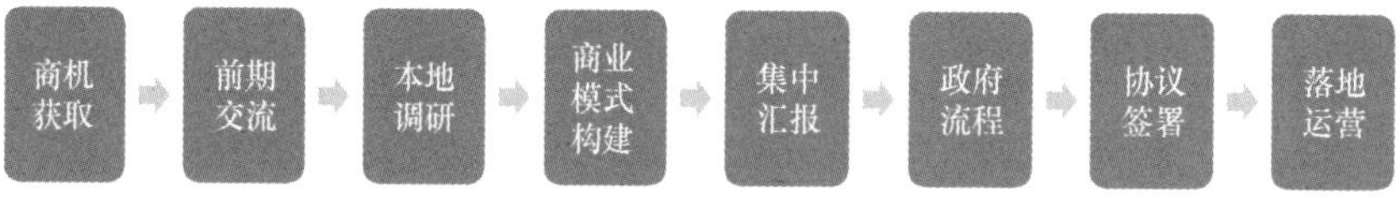

图 3-5 区域级工业互联网平台建设的全生命周期

1. 商机获取

企业可以通过各种渠道获知各地市建设工业互联网平台的诉求，消息主要来源于对接政府关系的销售团队，也可以是来自政府领导的互访，以及政府自身的招标信息等。

2. 前期交流

企业了解到商机后，应做几轮前期交流工作，包括准备方案、高层拜访，主要对接部门会涉及招商局、市工业和信息化局、市发展和改革委员会等。

3. 本地调研

当地政府一般希望可以针对本地整体工业情况或者特色产业开展调研，形成本地工业的基本概况，输出一些本地工业互联网调研报告供政府部门参考，这也是落地工业互联网平台的重要决策方式，也为接下来的商业模式构建提供基础。

4. 商业模式构建

此阶段需要结合本地的工业基础和产业特色构建具体的商业模式，包括是选择企业独立落地还是寻求与当地国投、城投等合作，是独立运营还是联合运营，落实具体出资比例、分成模式，确定具体报价和交付物，具体工作周期和配合部门等，需要一系列的工作去推进。

5. 集中汇报

当具体的材料调研完成后，企业会和政府不同的部门进行不同层面的交流和汇报，这个过程是项目的关键阶段，在这期间会遇到竞争对手，会做些高层互访，企业代表需要讲清企业自己的价值、交付物，需要准备各种报告材料，需要提交前期商业模式构建的各项材料。

6. 政府流程

如果前期进展比较顺利，过程交流完毕，政府内部会有一些流程需要审批，包括汇报、报批程序等，这时企业也要做很多线下工作。

7. 协议签署

项目通过审批，政府同意前期方案后，企业便可以开始准备合作协议，择期签署合作协议。

8. 落地运营

后期开展新公司的筹建工作，包括工商注册、人员招募、公司选址和装修等，还包括本地公司基于工业互联网平台的地推和运营工作，至此区域级工业互联网平台的项目开始走向下一个实操层面。

需要指出的是，以上流程并非完全是按部就班地开展，企业需要根据实际情况有策略、有组织地开展，企业需要重视本地运营公司落地完成之后的运营工作，这才是未来能真正为本地工业带来价值的核心要素。

交付成果

区域级工业互联网平台的构建是一个相对比较复杂的工程，需要交付很多产品，包括基础设施即服务（Infrastructure as a Service，IaaS）平台，平台即服务（Platform as a Service，PaaS）平台，以及适用本地产业的各种能力平台，具体有基于云平台的基础底座、构建基础的能力平台及打造特色的服务平台等，各类应用也包含自己企业开发的产品、生态合作伙伴的产品及本地运营公司开发的产品等。具体包括以下内容。

① 区域工业互联网平台：包括私有云平台需要使用的软硬件、工业互联网平台软件、本地数据中心等。

② 智能制造+工业互联网展示中心：包括产业大数据分析、园区分析、企业画像、智能制造应用等。

③ 本地化工业云运营公司：包括运营服务中心、商务拓展中心、智造双创中心、金融服务中心、培训服务中心等。

④ 工业互联网生态：包括云认证独立软件开发商（Independent Software

Vendors，ISV）、生态开发者、开发者社区、合作高校、合作科研机构等。

除了以上具体的交付物，企业还需要有支撑工业互联网平台运行和运营的基础服务和能力。支撑运行和运营的基础服务和能力如图 3-6 所示。

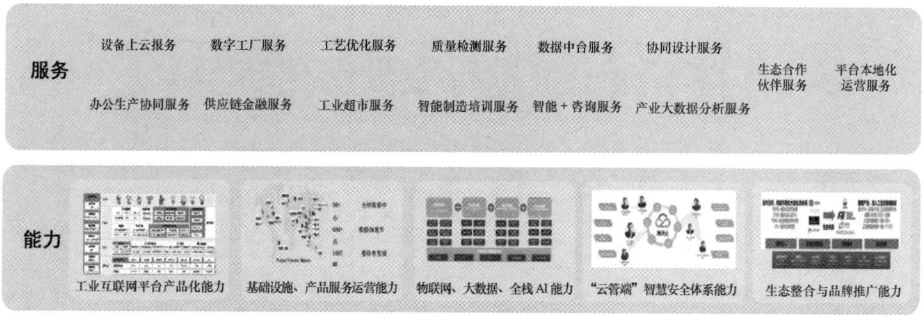

图 3-6　支撑运行和运营的基础服务和能力

总结

在新时代的背景下，国际国内形势日趋复杂，在我国开启以国内大循环为主的经济转型的背景下，各地区位优势的价值更加明显，如何整合本地的产业链，优化产业结构，突出地区特色，引领本地经济高质量发展，是各地区政府和产业界需要思考和解决的问题。

我们相信区域级工业互联网平台是一个很有效的底座和抓手，能担负起新时代区域产业转型升级的重任。随着工业互联网产业由概念走向落地，由模式探索走向应用创新，建设和运营国家特定区域级工业互联网平台，打造配套的一系列行业级平台，在此基础上帮助工业企业整合分散主体资源，优化业务流程，降本增效，提质增收，是新时代区域产业转型升级的合理方式和有效路径。

自下而上推进行业数字化转型

建设经验分享

在了解了区域级工业互联网平台的建设经验之后，我们对于工业互联网平台如何落地区域有了方法体系和结论，但是对于如何通过工业互联网带动本地经济高质量发展以及如何带动整个行业转型升级却没有进行很深的解读。

实际上，每个地方的区域经济都有自己的特点，这些特点的形成受本地地理位置、人口结构、文化影响，这些特点最直接的落脚点就是产业特点，如何根据区域经济特点，结合产业结构，更好地将区域经济带上高质量发展的轨道，是工业互联网构建的首要任务。通过推进行业数字化转型带动区域产业高质量发展是一条有效的道路，本节就此提供一些经验分享。

建设意义

本质上，区域经济的提升是需要通过行业的整体提升体现的，一般区域内会有纵横交错的多个行业。例如浙江省的嘉兴市以精细化工、五金塑料、合成纤维、电子材料和纺织服装五大特色产业为主，而绍兴市注重发展高端装备、新材料、电子信息、现代医药四大新兴产业，浙江省经济发展的本质是以集群式产业结构带动区域经济发展的。

因此，如何带动产业结构发展是一个非常重要的课题，产业结构优化提升就是一把钥匙，它能解开区域经济发展的锁，开展产业提升计划能带动整个区域经济的腾飞。

如今，随着数字经济的发展，打造行业产业数字化，建设行业工业互联网体系是一个蓄势待发、有效提升区域整体产业的方法。

总体策略

在总体策略上，按照因地制宜、试点先行、一企一策、产业协同的方法推进。

1. 因地制宜

每个区域都有自己的特色和特点，要根据不同区域的特色和特点，制订适合本地区域的策略，针对区域的行业、产业结构制订合理的推进策略。例如，该区域是以离散为主的行业，其中汽配行业是区域重点产业，需要构建偏离散的行业平台，配置的解决方案和产品也要和流程行业进行区分；再如，南方企业一般比较信任行业协会等组织，因此在业务推进的过程中就需要多和行业协会进行合作，借助行业协会的影响力开展相应的工作。

2. 试点先行

在开始涉猎区域产业的过程中，开拓一些试点的好处非常明显：一方面，通过遴选一些大的、具有代表性的企业开展试点工作可以快速摸清本地此类产业的结构和行业的特点，对于打造和完善适用于此类产业的产品非常有帮助；另一方面，通过典型客户标杆案例的打造，企业可以快速渗透本地其他此类企业，行业覆盖度和品牌传播度都会有极大的提升。

3. 一企一策

针对已经选定的标杆企业及其他重点推进企业，要做到一企一策，这是做实做透一个产业的基础，只有对行业内的企业做到了如指掌，才能更好地服务行业。同时，在了解行业各企业的基础上提炼共性，打造个性，不断丰富行业解决方案，才能真正为区域经济、行业提升带来价值。

4. 产业协同

在已经构建各行业典型标杆案例的基础上，通过大量的产业分析和行业提炼，可分析整个产业链，从而构筑本地的产业协同。任何产业的提升都不可能是单一企业的提升，我们可以在调研、分析、培训、实施，以及获得行业经验的基础上，打通行业上下游产业链，打造真正符合行业特点的产业协同。

关键步骤

行业数字化转型的整体规划、推进模式如图 3-7 所示。自下而上推进行业数字化转型，带动区域高质量发展具体分为以下 4 个步骤。

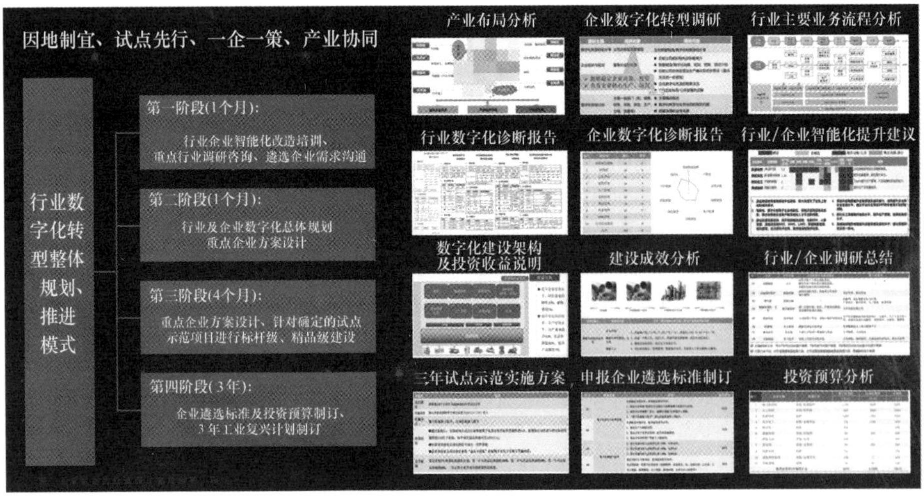

图 3-7　行业数字化转型的整体规划、推进模式

1. 分析调研

重点任务：行业企业智能化改造培训、重点行业调研咨询、遴选企业需求沟通。

时间周期：1个月。

重点工作如下。

（1）产业布局分析

此项工作需要针对区域产业进行调研，分析来源于当地经济和信息化局的产业分析数据及其他相关咨询渠道，目的是通过分析各产业结构和产业政策，再结合自己企业的能力范围，遴选出3个重点行业进行深度开拓。

（2）企业数字化转型调研

针对遴选的行业，通过当地科技、经信部门的力量筛选出重点企业进行深度调研，可通过现场调研、远程交流、问卷调查的方式开展，具体调研可根据不同对象的层次，开展有针对性的主题调研：企业决策层及管理层的调研内容可以涉及分析数字化转型的经验，董事长或总经理的调研内容可以涉及企业现状及规划，具体参考如下：

① 目前企业的组织结构及职能简介；

② 智能制造/数字化战略、规划、预算、项目介绍；

③ 目前企业总体运营、生产痛点及初步想法（重点关注的一些领域）；

④ 企业数字化改造的意愿交流；

⑤ IT规划及私有云/公有云部署的见解。

针对主要的一级部门（例如，销售、财务、采购、研发、生产、仓储、质量等），开展数字化转型的讨论，内容涉及主要痛点陈述、数字化转型与业务协同的相关问题，以及期望改善的业务场景等方面。

（3）行业主要业务流程分析

除了针对遴选企业现状的调研分析，还需要重点调研行业企业的业务流程，形成此类企业的业务流程分析架构，这点非常重要，能否深入拓展行业、深入覆盖行业产业链，在于是否真正地理解行业业务，因此行业业务流程是一个非常重要的方面。

2. 规划建设

重点任务：行业及企业数字化总体规划、重点企业方案设计。

时间周期：1 个月。

重点工作如下。

（1）数字化诊断报告

在前期调研的基础上，形成企业级和行业级数字化诊断报告，该报告可以按照不同的指标项进行设计，全面评测智能制造战略、运营决策、销售管理、生产管理、采购管理、物流管理、质量管理、自动化现状及 IT 管理等方面。

（2）智能化提升建议

根据评测的数据和分值，可以为重点企业提供智能化提升建议，涉及运营、财务、销售、采购、物流等，相关建议也具有一企一策的特点，例如，有些企业可以开展精益制造，有些企业可以提升设备管理水平，还有些企业可以开展生产和质量监控等方面的工作。

（3）行业 / 企业数字化总体规划

根据前期多家企业的调研和分析，制订行业和企业总体智能化评估方案，并通过多个行业重点企业的调研，评估出行业数字化改造提升的总体规划。

3. 试点示范

重点任务：重点企业方案设计、针对确定的试点示范项目进行标杆级、精品级建设。

时间周期：4 个月。

重点工作如下。

（1）重点企业方案设计

根据前期的调研及总体规划，制订重点企业的推进计划及重点企业的方案设计，其中涵盖重点企业开展数字化建设架构，方案设计中针对企业的现状及未来需要有针对性地开展数字化改造提升，包括自动化改造、业务流程分析、IT 系统构建，更重要的是需要基于工业互联网平台的底座开展新一代工业互联网体系的改造，这样才符合未来新型数字化体系的发展。

（2）建设成效分析

方案要特别强调建设成效分析、投资收益说明等，这是非常重要的。对于企业来讲，合理的投资要带来回报，而且要让企业了解把钱花在了什么地方，以及项目建成后会在哪些方面产生收益，最后这些建设成效的分析结果会对未来的总体区域行业的推进计划产生影响。

（3）重点实施及总结

在方案获得企业认可之后需要开展实施，一般需要几个月的时间，包括设计自动化的实施、建设自动化产线、构建各类平台及系统，还包括 ERP、MES、CRM、运输管理系统（Transportation Management System，TMS）等，甚至会涉及结合 5G 场景的机器视觉、视频检测等，这些系统项目的实施是在前期调研规划的基础上开展的，相信会带来非常好的落地效果。

4. 3 年工业复兴计划

重点任务：调研及实施总结、企业遴选标准及投资预算制订和 3 年工业复兴计划。

时间周期：3 年。

重点工作如下。

（1）调研及实施总结

经过前期的产业分析、调研及针对行业的规划和重点企业的打造，企业已经对区域产业结构形成一定的了解，这一阶段需要进行总结和归纳，也是为下一阶段的3年工业复兴计划的制订打下基础。

此次总结需要全面和务实，包括调研的经验和实施的经验，这些都是宝贵的财富，需要本着切实解决工业问题的角度高层次地看待工业问题，**例如，调研多少家企业，有自动化提升意愿的企业，有数字化提升意愿的企业，既有自动化提升也有数字化提升意愿的企业等，以及尽管行业不同，但在设备数据采集及应用方面，过程业务数据的收集及应用方面普遍具有提升意愿的企业等，**只有这样未来的3年工业复兴计划才能真正落到实处。

（2）企业遴选标准及投资预算制订

3年工业复兴计划需要配套相关的企业遴选标准及投资预算，让当地政府和主管部门在制定相关政策时有依据和落脚点，其中申报企业的遴选标准至少需要涉及3个方面：**数字化提升与转型范围、数字化创新与提升、自动化创新与提升等，可以涵盖优化生产与制造过程、覆盖企业业务范围、提高企业敏感度、提升自动化改造等方面，制订具体数字化投入比例及分值，设定具体试点企业遴选标准。**

具体的投资预算也是开展3年工业复兴计划的关键，在企业调研及实施项目的基础上，评估出3年工业复兴计划需要的相关投资预算，并按此预算开展3年工业复兴计划，同时每年可按照具体实施效果做出灵活动态的调整，以适用不可预测的未来。

（3）3年工业复兴计划制订

前期的实施都是为了未来区域产业整体提升打基础，在完成前期各项工作的基础上，设计和构建3年工业复兴计划，需要涉及以下几点。

① 试点企业数量：拟遴选若干家企业作为年度试点企业等。

② 实施条件：纳入改造范围的单个项目总投入的金额等。

③ 实施重点方向：包括数字化创新与提升、自动化创新与提升等。

④ 政策扶持：如果通过验收，需要分别在列入试点后新增加数字化部分的实际投资额度的比例、新增加自动化部分的实际投资额度的补助比例，每个项目最高补助的金额等；给予获评省级重点项目一次性补助的金额，获

评省级重点项目的企业相关奖励政策等。

⑤ 竞争机制：设定连续 3 年的政策扶持梯次计划，每年可获得的最高补助；3 年后终止此类项目的扶持政策。

以上即是“自下而上”推进行业数字化转型带动区域产业高质量发展的关键要点。

总结

区域的高质量发展依赖于各个产业尤其是优势行业的高质量发展，而优势行业的发展又需要龙头企业的引领和带动，**以推进行业数字化转型带动区域高质量发展的方法体系就是按照这个逻辑“自下而上”开展的。**它是以调研为基础、以标杆项目实施为切入点的“自下而上”的产业落地方法体系，目前已经在多个地市开展了行业产业的应用与实践，经得起考察和验证。

硬核：工业企业数字化转型实践路径解析

硬核：工业企业数字化转型路径之实践解析

工业企业不希望被行业淘汰，走上数字化转型的道路势在必行。工业互联网是工业企业数字化转型过程中的路径之一，确定好定位之后，实践路径就越发清晰了。工业企业数字化转型实践路径如图 3-8 所示。

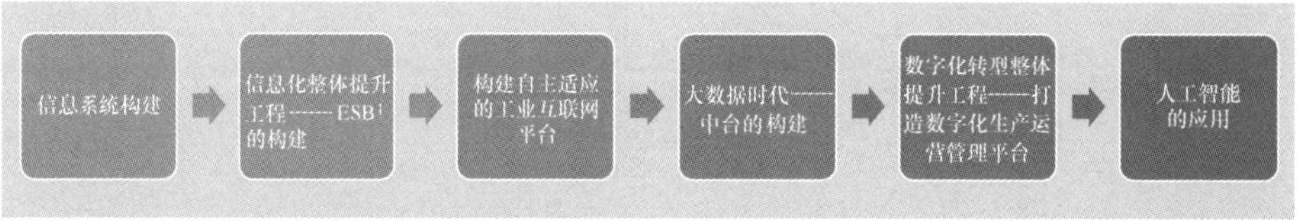

注：1. ESB（Enterprise Service Bus，企业服务总线）。

图 3-8　工业企业数字化转型实践路径

1. 信息系统构建

① 构建独立的信息系统，包括产品生命周期管理（Product Lifecycle Management，PLM）、制造执行系统（MES）、客户关系管理（CRM）、供应商关系管理（Supplier Relationship Management，SRM）等。

② “烟囱式”系统出现，问题频发。

③ 数据整理，数据归集。

2. 信息化整体提升工程——ESB 的构建

① 业务标准。

② 数据标准。

③ 接口标准。

3. 构建自主适应的工业互联网平台

① 部分系统上云。

② 整体系统上云。

③ 物联网—万物互联。

④ 车间设备上云。

⑤ 私有云 / 公有云的引入。

⑥ PaaS 的归集。

⑦ SaaS 的构建。

4. 大数据时代——中台的构建

① 数据中台。

② 业务中台。

③ AI 中台。

5. 数字化转型整体提升工程——打造数字化生产运营管理平台

① 数字研发。

② 制造仿真。

③ 数字车间。

④ 数字物流。

⑤ 数据采集与分析。

⑥ 数字集成。

⑦ 数据应用。

6. 人工智能的应用

① 企业资产管理。

② 产品和服务。

③ 工业优化。

④ 制造可视化。

信息系统构建

在“两化”融合的早中期，很多传统企业遇到了越来越多的关于管理、生产、物流、市场等问题，大多数企业的管理模式非常粗放，大多数的生产计划、业务订单都是纸质存档记录，生产时员工的交流基本靠吼，车间嘈杂，员工素质层次良莠不齐。对于一个工艺参数的问题，如果靠人工的方式沟通管理，极易出现问题。例如，我曾调研过一家企业，成品区凌乱地堆放着很多成品，准备发货，但其发货的客户地址是员工手写的，我询问老板，如果手写地址的纸张丢失或被涂改了怎么办，能否追回，老板摇了摇头。企业对于市场的预测、管理也非常粗放，没有经过任何调研和分析，仅凭经验和个人想法就决定市场的投放，以及服务人员、销售人员的配置等。

种种事项表明，信息系统的构建很有必要，这是未来企业数字化转型的基础和底座，这个过程使传统企业、工业企业更加了解信息系统，感受到信息化带来的价值，对于培养市场、打造专业人才起到了推动作用。工业企业信息系统如图 3-9 所示。

早期信息系统的构建解决了很多问题，企业的管理越来越标准化，数据对于决策的支撑也及时有效，各个单点业务的优化卓有成效……

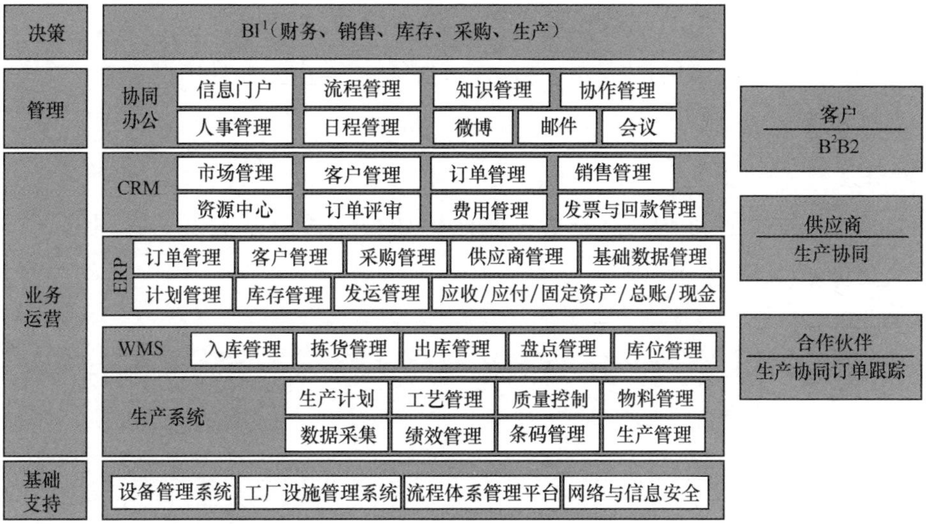

注：1. BI（Business Intelligence，商业智能）。
　　2. B2B（Business-to-Business，企业对企业）。

图 3-9　工业企业信息系统

随着信息系统越来越复杂，数据越来越多，打通系统之间的壁垒变得越来越重要，但是，大量信息系统的构建、数据标准的不一致，极易出现一物多码、“烟囱式”系统。一旦出现以上问题，信息化的说服力、公信力就会大打折扣，信息化部门也会被各个业务部门诟病，很多系统疲于打补丁，需要投入大量的时间去维护、运营。

这时，企业会面临两种选择：要么继续查缺补漏，发现问题，解决问题；要么彻底解决问题。有魄力的企业会选择第二种方式——彻底解决问题。于是，信息化整体提升工程应运而生。

信息化整体提升工程——ESB的构建

ESB 是传统中间件技术与可扩展标记语言（Extensible Markup Language，XML）、万维网服务等技术结合的产物。ESB 提供了网络中最基本的连接中枢，是构筑企业神经系统的必备要素。ESB 的出现改变了传统的软件架构，提供了比传统中间件产品更为低价的解决方案，同时它还可以消除不同应用之间的技术差异，让不同的应用服务器协调运作，实现了不同服务之间的通信与信息整合。从功能上看，ESB 提供了事件驱动和文档导向的处理模式，以及分布式的运行管理机制，它支持基于内容的路由和过滤，具备复杂数据的传输能力，并可以提供一系列的标准接口。ESB 典型系统如图 3-10 所示。

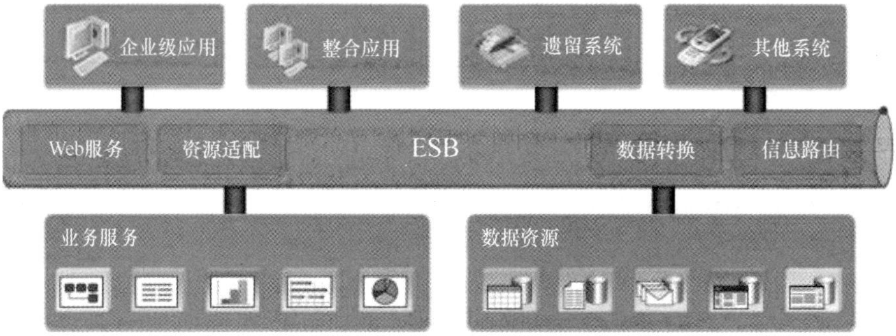

图 3-10 ESB 典型系统

ESB 可以用于以下 3 个方面：

① 面向服务的架构——分布式的应用由可重用的服务组成；

② 面向消息的架构——应用之间通过 ESB 发送和接受消息；

③ 事件驱动的架构——应用之间异步地产生和接收消息。

也就是说，我们通过 ESB 打通了系统数据壁垒问题，使整个系统成为一个整体，保证了系统的统一性和标准性。未来，不管是老系统还是新系统都会整体做到整齐统一，这也在一定程度上解决了企业信息化建设过程中的问题。

但是，当企业发现不断地用各种手段去解决信息系统的问题，在某种程度上可能取得了一些成绩，解决了一些问题，但实际上并没有真正地了解企业生产的本质，所打造的信息系统只是工业企业主营业务的附属产品，工业企业主营业务部门有足够的理由对业务系统不满意、不支持，因此需要寻找

“自我救赎”的道路——工业互联网平台。

构建自主适应的工业互联网平台

如果企业要构建适合自己的工业互联网平台，那么一定要重视自身的诉求，要遵循科学规律，让构建过程科学化、应用过程重点化。在实际落地过程中，企业要找到重点方向，不是所有业务都要开展，而是要有节奏、分重点地开展，一旦某个业务爆发，就会带来示范效应，甚至引发马太效应。

1. 云资源引发的蝴蝶效应

基于业务现状，即ESB的企业信息系统已经满足企业信息化的发展需求，云资源的启用势在必行。云的引入会带来指数级、幂次级的业务发展，会引发蝴蝶效应，在整体上提升信息系统的层次和水平。

企业应先针对部分重点业务上云，当它逐渐表现出效果，带来价值之后，企业再依次把其他系统上云，实现制造整体业务上云。

2. 打造物联网系统，打通IT和OT

这个阶段是非常重要的，很多工业企业的业务部门一直诟病信息化人员不懂业务，不了解设备，不懂生产，那是因为没有手段。因此，现在必须打通IT和OT，利用各种传感器技术、PLC等，共享企业生产的产品信息，共享生产产品的设备信息。生产设备什么时间开关机，企业的产品是什么时候生产的、怎么检测的、什么时间下线的、什么时间发送给客户的、在市场上表现如何、有没有故障、什么时间维修的、谁维修的、故障代码是什么……掌握这些信息有利于信息化人员了解生产进度和业务进展。

因此，企业需要构建几个平台，包括物联网平台、能耗监测平台、远程故障诊断平台、设备上云平台等。

平台的构建也是需要基于云的，需要打造自己的公有云、私有云，或者混合云。一般工业企业不会自己搭建云，也不需要自己搭建，可以找云服务厂家提供，腾讯工业企业信息系统如图 3-11 所示。

注：1. Kubernetes，一种开源容器集群管理系统。
2. Docker，一个虚拟环境容器。
3. WAF（Web Application Firewall，网站应用级入侵防御系统）。
4. BGP（Border Gateway Protocol，边界网关协议）。
5. FPGA（Field Programmable Gate Array，现场可编程逻辑门阵列）。
6. SDK（Software Development Kit，软件开发工具包）。
7. TSN（Time Sensitive Network，时间敏感型网络）。
8. MQTT（Message Queuing Telemetry Transport，消息队列遥测传输）。

图 3-11 腾讯工业企业信息系统

大数据时代中台的构建

目前，国内做工业互联网平台的企业有很多，根据中国信息通信研究院发布的数据，仅国内叫得上名字的工业互联网平台有近 600 多个，有些平台声称是跨平台的，有些平台声称是做行业级、垂直领域的，但是这些平台真正能为行业赋能或助力的很少，其发布的案例说服力不够强。

上述情况发生的一个重要原因是没有真正打造一个好的工业互联网平台，平台没有好的数据模型、机理模型，没有形成企业自有的核心业务和数据，平台没有自己的特点和核心价值。换句话说，工业互联网平台同质化严重。

那工业互联网平台如何能够脱颖而出呢？应该用什么方法使平台从落后走向先进呢？

答案就是中台，中台技术的引入是目前看来提高工业互联网平台水平的非常好的一种方式。

中台就像是一座“安了缓冲带的桥梁”，在连接了灵活的前台和稳定的后台的同时，穿透了企业内部部门墙等隔阂，它的核心是企业基础服务能力，目标是支持前台小成本的快速创新迭代，运用后台技术手段（微服务架构、DevOps 基础设施和公共服务设施等），提供可以供前台复用的公用能力。

我们来看一看各大企业的中台，腾讯数据中台产品框架如图 3-12 所示，阿里中台架构如图 3-13 所示，华为中台架构如图 3-14 所示。

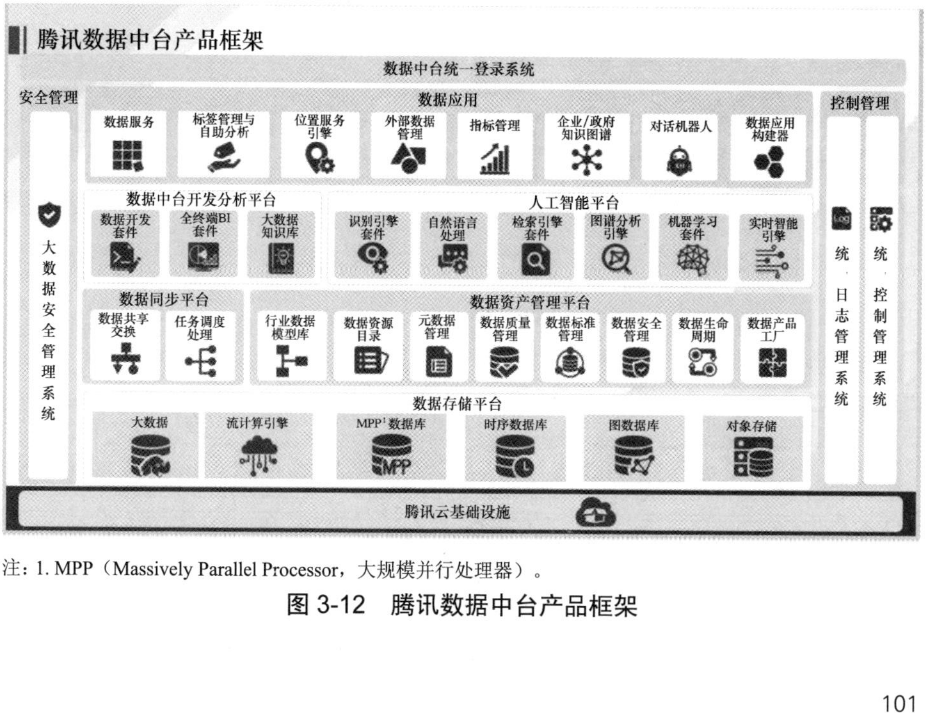

注：1. MPP（Massively Parallel Processor，大规模并行处理器）。

图 3-12 腾讯数据中台产品框架

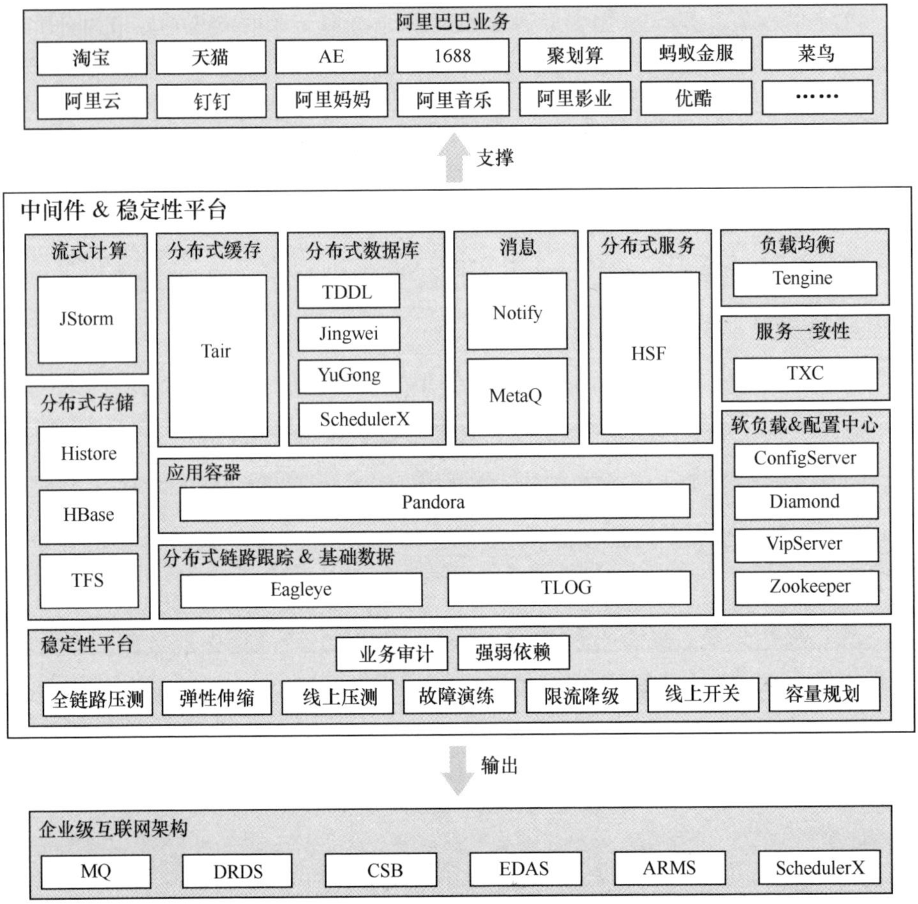

图 3-13　阿里中台架构

当工业互联网平台引入中台技术，工业互联网平台会真正起到赋能行业的作用，用云打造基础，用中台夯实数据，基于这样一个稳健、扩展性好的技术架构，工业互联网赋能行业不是想象！

随着各业务系统上云后，打通 IT 和 OT，构建数据中台，这个阶段可以说是工业企业数字化的高级阶段，需要深度涉及各项业务。因此，下一阶段的重点任务是深入业务，打造数字化的核心业务，或者是核心业务的数字化——打造数字化生产运营管理平台，积极开展数字化转型整体提升工程。

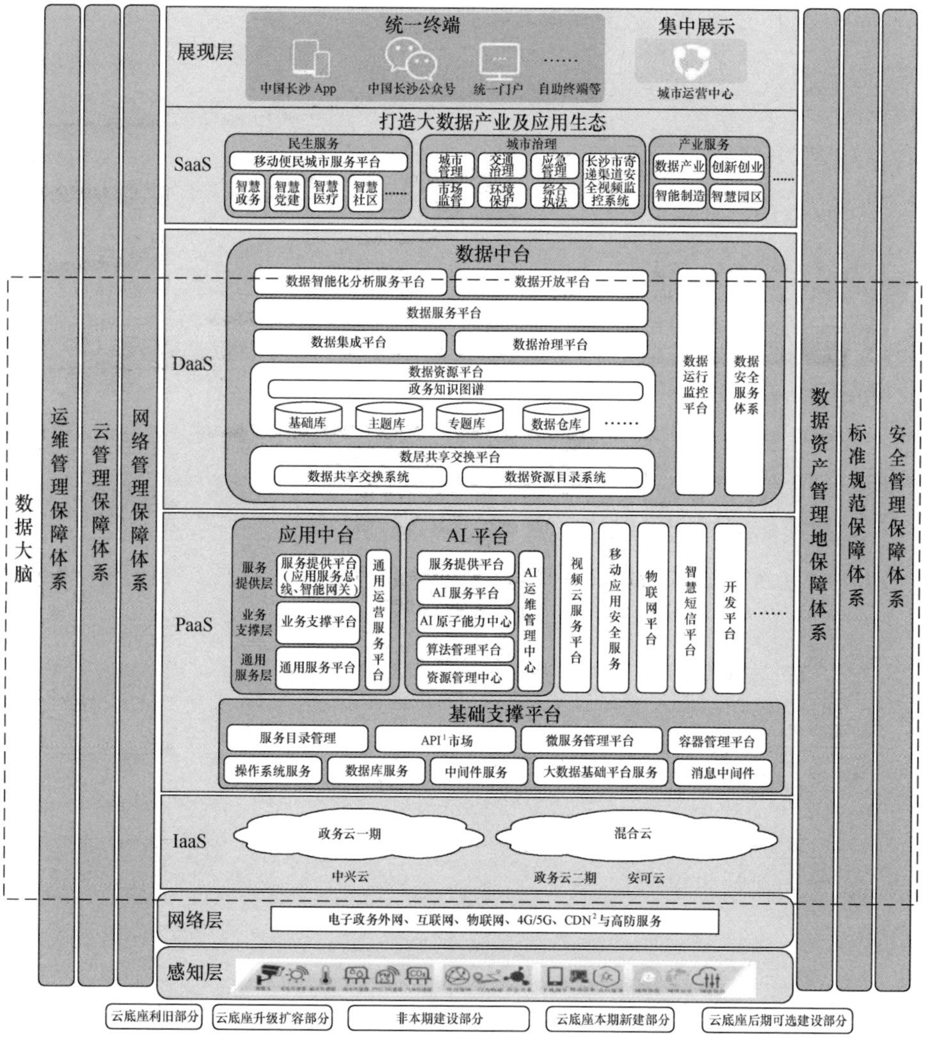

注：1. API（Application Programming Interface，应用程序接口）。
2. CDN（Content Delivery Network，内容分发网络）。

图 3-14　华为中台架构

数字化转型整体提升工程

数字化转型整体提升工程可以全面助力企业走上数字化转型升级的道路，这其中需要做很多工作，最重要的是构建数字化生产运营管理平台，并以此为基础开展各项业务的深度数字化融合。

具体细节如下。

1. 数字研发

① 数字化工艺研发。

② 数字化产品研发。

③ 工艺产品数据管理。

2. 制造仿真

① 数字化车间建模。

② 数字化流程优化设计。

③ 数字化制造过程仿真。

3. 数字车间

① 智能制造生产线。

② 柔性生产线。

③ 智能检测线。

④ 智能制造单元。

4. 数字物流

① 关键零部件智能仓储系统。

② 智能物流系统。

5. 数据采集与分析

① 设备工况采集。

② 设备健康监测。

③ 预测性维护。

④ 生产过程数据采集分析。

6. 数字集成

① 工业以太网。
② 标识解析系统。

7. 数据应用

① 大数据平台构建。
② 数据、业务中台优化。
③ 远程运维平台构建。

通过数字化转型整体提升工程的开展，实现了各大信息系统的互联互通，实现了数据的采集和继承，架设了智能产线和智能单元，实现了工业大数据的应用，完善了制造工艺，工业企业已经可以称得上是数字化企业，下一步就需要在人工智能方面实现突破了。

人工智能的应用

目前，企业达到人工智能阶段或能应用人工智能的很少，主要是因为到达人工智能阶段不容易。这个阶段目前比较成熟的案例主要集中在流程高度自动化、数据集中性好、实力较强的企业，例如电子制造、家电、化工等行业，有条件的企业可以向这几个行业拓展。此外，行业内做得比较好、有案例落地的企业有阿里巴巴、腾讯、科大讯飞、商汤科技、昆仑数据等。

人工智能涉及的几个业务分类如下。

1. 企业资产管理

① 资产生命周期管理。
② 设备资产的健康管理。

③ 厂内重资产的预测性维修。

2. 产品和服务

① 生产质量管理。
② 产品售后服务。
③ 产品结构分析。

3. 工业优化

① 生产线过程检测。
② 实时参数采集、生产设备监控。
③ 材料消耗监测的能力和水平。

4. 制造可视化

① 智能制造的试点项目。
② 工业大数据平台。
③ 上下游数据服务。

总结

对于传统企业尤其是传统的中小企业而言，数字化转型已经不再是一道选择题，而是一道生存题，企业数字化转型的路径必须符合市场和行业的发展趋势，基于企业的现状，以科学有效的方法进行合理的设计才能取得一定的效果。

从早期信息系统的建设和优化，到数据中台、工业互联网平台的构建，再到人工智能的应用，信息化、网络化、数字化和智能化的路径是符合企业数字化转型发展的实践之路，工业企业只有坚持实践、务实求真，在发展中不断实践，在实践中不断创新，融合各种先进技术和经验，找到符合企业发展的最佳路径，才能取得数字化转型真正的成功。

数字工业的新引擎，企业转型的新底座

开启数字化工业时代

19 世纪，著名哲学家罗曼·罗兰指出，真正对国家具有基础性作用的是三样东西：肥沃的土地、忙碌的厂房和便捷的交通。由此可见，工业对于国家来说具有基础性支撑作用，能够起到中流砥柱的作用。

面对工业的重要作用，以及工业面临的诸多困难，用数字化手段去解决工业问题成为一种必然趋势。数字经济规模和所占 GDP 比重如图 3-15 所示。

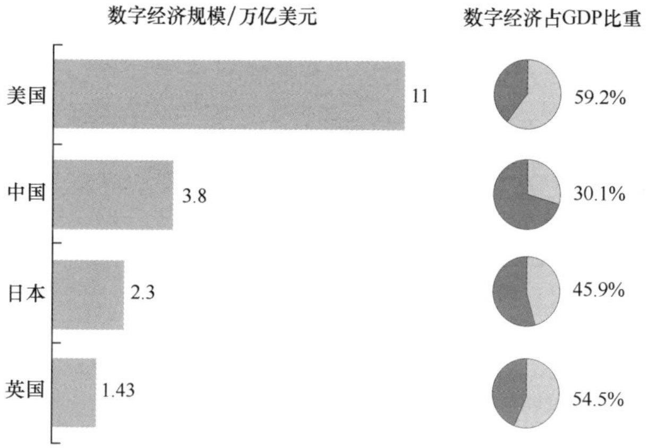

图 3-15 数字经济规模和所占 GDP 比重

发达国家的数字经济对工业的渗透率为 50% 以上，而中国仅为 17%，数字经济在 GDP 中的占比为 30.1%，仅排世界第七。因此，我国工业数字

化空间需求巨大，意义深远，数字化很可能就像阿基米德口中所说的一个支点，能够撬动整个工业的发展，数字化提升的一小步，就是人类工业的一大步！

中国拥有最庞大的工业企业集群，中国工业全产业链包括 7 个大类，35 个中类、174 个小类，380 万家工业企业，38 万家规模以上制造业企业，中国的工业市场范围广、需求个性化。目前，70% 的工业企业已经开始着手数字化转型，需要全面提供定制化工业数据的服务商。

数字工业需要一个底座

《创新者》一书阐述了信息技术革命的发展史，它表明任何时代的开启都需要一个支点和底座。

第一代以连接文件为主的 Windows 操作系统的诞生开启了万亿级互联网市场的发展，第二代以连接人为主的 iOS 和 Android 操作系统的诞生表明移动互联网时代的到来，也带来了万亿级市场。

那下一代操作系统的市场在哪里？它的基础底座是什么？这是整个工业行业需要追寻的答案。

凯文 • 凯利（Kevin Kelly）说："我们将见证第三代操作系统的出现。"

我们认为，第三代操作系统将可能诞生于工业，聚焦于工业的操作系统在数字驱动的工业变革中，将发挥关键性平台作用，将成为构建新型工业化体系的关键。

工业操作系统将成为数字工业的底座。

致力于数字科技的普惠化

据统计，国内工业互联网平台的数量已经超过 600 家，比较有影响力的平台有 70 多家，客户面对这么多的平台厂商已经眼花缭乱，更不要提如何使用工业互联网技术了。

另外，对于工业来讲，工业互联网等数字化技术不应作为高大上的技术被“束之高阁”，应该尽量做到开放与便捷，让工业企业能够普惠化使用。

就像相机一样，以前人们使用相机需要学习调焦距、光感等专业技巧，还需要购买专业的设备才能拍出好的照片，这导致相机的应用一直没有得到普及。随着技术的发展，一部手机就可以拍出好看的照片，这让相机技术走近每个消费者，既带动了产业的发展，又做到了技术的普惠化。

工业操作系统致力于让每家工业企业都可以便捷地使用数字化技术，让每家工业企业都能使用“中国智造”的工业操作系统。

未来，工业企业在选择工业数字化转型的过程中，只需要构建工业操作系统底座，工业操作系统会帮助客户去完成剩下的事情，真正做到数字化技术的普惠化。

此外，工业操作系统可以赋能广大平台合作伙伴的普惠化，联合生态，打造适合工业企业的生态体系。

工业操作系统是一个中立、开放的平台，第三方生态合作伙伴、客户都可以参与其中。工业操作系统结合自身发展特色和国内外工业互联网发展成功要素，涉及以下 3 种生态模式，即集成平台即服务（Integration Platform as a Service，iPaaS）生态模式、应用平台即服务（Application Platform as a Service，aPaaS）生态模式和客户自己动手搭建（Do It Yourself，DIY）个性化 App。

1. iPaaS 生态模式

iPaaS 生态模式以工业操作系统为核心，集成生态合作伙伴 App 及产业链上下游优势资源，共同确保工业企业在数字化转型中获得持续成功。

2. aPaaS 生态模式

aPaaS 生态模式以工业操作系统能力赋能生态合作伙伴，打造云原生的工业 App、区域级和行业级工业互联网平台。

3. 客户 DIY 个性化 App

工业操作系统可以降低技术开发门槛，实现图形化、组态式开发 App。客户可以根据自身的业务场景和需求，快速搭建自身所需的工业 App。

通过各种生态集成方法，工业操作系统将走进千行百业和千家万户，真正为工业企业带来实际价值。

像“种子”一样嵌入工厂里

工业最核心的是什么？是生产。

大多数做工业互联网的企业很少真正致力于生产环节，为什么？因为生产最难却最有价值。

生产数字化要求的技能越高，技术水平就越高，经验积累也越丰富。尤其是对于流程化工类企业来说，生产环节的数字化、智能化都不是一般企业可以做的。也就是说，凡是能够做化工类涉及生产方面数字化改造升级的企业，都是真正掌握工业核心技术和竞争力的企业。

另外，生产环节数字化的提升带来的价值是非常明显的，对于工业企业来说，降本、增效、提质是核心，再加上流程类企业更关心的是安全和环保，可以说生产环节的数字化、智能化对于工业企业都会产生巨大的价值。

工业操作系统致力于从最具价值、最有难度的生产制造环节入手。

企业级工业互联网平台、工业园区服务平台、区域级 / 行业级工业互联网平台 3 个层面都有工业操作系统实际的应用场景。

在企业层面，工业操作系统可以满足大型工业企业在全国异地办厂、集团集中管控、分级业务治理的协同制造新模式；在工业园区层面，工业操作系统可以实现工业园区产业链上下游协同、区域化工厂智能互联的创新应用模式。同时，基于工业操作系统联合本地服务商生态，能够服务地方优势产业集群，提升产业结构，实现产业高质量发展。

在山东省淄博市，山东京博石油化工有限公司（以下简称“京博石化”）基于工业互联网平台打造了基于“工业操作系统 + 工业智能 App”新模式的互联智能工厂标杆。基于 supOS 平台，京博石化构建了面向过程监控、生产管理和经营决策一体化的应用平台，通过“平台 + 工业智能 App”的方式实现了京博石化的全信息集成、数字化、智能化升级转型，帮助京博石化打造结构扁平、集中管控、资源共享、统筹协调的特色化智能产业园区。通过 supOS 工业操作系统及工业 App，京博石化对企业整体的资产、能源、生产、安全、环保等状况进行全方位的实时监测，为各相关部门提供及时的预警信息和合理的工作指导，提高了企业对重大事故风险监控的能力等级，为企业的安全生产保驾护航。

京博石化的工业互联网平台项目实现了近 20 万个实时数据接入，30 余个异构系统集成，3 万个设备建模，30 万个标签，10 个大类 55 个子项工业 App，以及 5 项大数据、机器视觉应用等，同时实现了智慧驾驶舱、网上工厂、动设备管理集成、项目进度监控系统集成、统计过程控制（Statistical Process Control，SPC）系统集成、绩效管理集成、联锁投运率、装置平稳率、安全生产预警预报系统、成本指标管理系统、设备资产移动盘点、全厂计量统计、智慧操作工 App 等功能。

在安徽省芜湖市，安徽海螺水泥股份有限公司（以下简称“海螺水泥”）作为全球最大的单一水泥熟料工厂，通过“supOS 平台 +Apps”架构方式，破除系统之间的“孤岛”，构建全厂唯一的工厂大数据平台，并基于 supOS 工业 PaaS 平台，结合用户的自身需求，自主研发生产管理、能源管理、设备管理、质量管理、线上领用、库存盘点等 App，跨设备（包括计算机、平板计算机、手机等）无缝协同生产办公及管理，提升了工厂的智能化水平。

supOS 平台能够提供统一的数据接入终端，实现了 20 多套多元异构数据的接入与处理，并开发各业务功能 App，提高各业务人员的工作效率，降低大量岗位的工作量。例如，海螺水泥将周期性（周、月）盘点工作从人工统计简化为“报表自动统计 + 人工校验”，提高数据校验效率。基于 supOS 平台的能力，海螺水泥可高效实现对安全帽规范佩戴、禁入区闯入、皮带跑偏预测，并及时将告警信息发送到移动端。现场安全帽佩戴率从之前的 95% 提高至 100%，皮带跑偏预测准确率达到 95% ～98%，设备有效使用时间提升了 15%。

在园区方面，海螺水泥基于 supOS 工业操作系统的数字化智慧园区采用多层架构设计，包括物联感知层、平台层、业务服务层。其建设内容包括园区驾驶舱、园区画像、安全层面、环保层面、应急层面、封闭管理层面、能源层面，以及政府公共职能数字化服务等。工业互联网平台层以实现元数据采集、数据汇聚、数据存储及数据展示等为主要功能，提供了多种标准数据协议接入能力，采用统一的数据驱动框架实现了多元数据的统一上送，为支持与构建园区管理的上层业务提供了基础支撑。

在区域和行业方面，海螺水泥通过落地分 / 子公司、成立联合体等方式在全国多个省市建设以工业操作系统为底座的区域级 / 行业级工业互联网平台。例如，在宁波市建设的汽车零配件、机械、信息电子、新材料等行业子平台；在嘉兴市建设的纺织、五金、电子材料等行业子平台；在绍兴市建设的机械电子、医药化工、节能环保等行业子平台；在安庆市建设的机电装备、新材料等行业子平台。通过行业级平台建设，海螺水泥帮助各区域提升产业数字化、智能化水平，打造优势特色产业集群，提升产业链上下游整体竞争力。

工业操作系统像“种子”一样嵌入工厂与园区中，以及区域和行业体系内，成为数字工业的“引擎”，伴随企业数字化历程不断优化。

总结

一个伟大的时代必然会有一群开拓者，他们不畏艰辛、勇于开拓，不断地开拓创新、创造历史，他们秉承开放与共享的精神，通过跨领域的合作，

让科技实现了创造性的飞跃，而他们沉淀下来的社会和文化力量则成为滋养创新的肥沃土壤。

“星星之火，可以燎原”。如今，数字化浪潮席卷全球，将开启一个全球数字化时代，这样的时代需要勇于创新的开拓者打造工业操作系统，以工业操作系统为底座联合生态、赋能工业必将成为主流，我们相信工业操作系统必将走入每家工业企业，成为工业企业数字化转型的坚实底座，工业操作系统也必将在工业发展的历程中留下深深的足迹……

工业互联网平台在一定程度上是新工业体系的“操作系统”，向下对接海量工业装备、仪器、产品，向上支撑工业智能化应用的快速开发与部署，发挥着类似于Windows、Android系统和iOS系统的重要作用。目前，工业互联网平台刚刚起步，尚未涌现出具有通用操作性的平台。企业构建“大而全”的平台需要长周期的技术积累，当前阶段只有少数企业具备潜在的构建实力。工业互联网的发展才刚刚开始，这是一个跨领域、跨行业的新生态，需要做好“持久战”的准备，持续攻克核心技术。信息技术产业趋于成熟为工业互联网提供了技术支撑。

——中国工程院院士邬贺铨

工业操作系统是工业互联网发展的终极形态

工业操作系统与工业互联网

说到操作系统，工业涉及的操作系统有很多，工业自动化系统、工业控制系统和计算机操作系统等，它们在各自的领域有着举足轻重的作用。具体内容如下。

1. 工业自动化系统

工业自动化系统的定义是指机器设备、系统或过程（生产、管理过程）在没有人或较少人的直接参与下，按照人的要求，经过自动检测、信息处理、分析判断、操纵控制，实现预期目标的过程。

目前，自动化技术广泛应用于工业、农业、军事、科学研究、交通运输、商业、医疗、服务和家庭等领域。采用自动化技术不仅可以把人们从繁重的体力劳动、部分脑力劳动，以及恶劣、危险的工作环境中解放出来，还能扩展人们的器官功能，极大地提高劳动生产率，增强人们认识世界和改造世界的能力。因此，自动化是工业、农业、国防和科学技术现代化的重要条件和显著标志。

2. 工业控制系统

工业控制系统是对图像、语音信号等大数据量、高速率传输的要求，又催生了当前在商业领域风靡的以太网与控制网络的结合。工业控制系统网络化浪潮又将嵌入式技术、多标准工业控制网络互联、无线技术等多种当今主流技术融合进来，从而拓展了工业控制领域的发展空间，带来了新的发展机遇。

工业控制系统的结构从最初的计算机集中控制系统，到第二代的分散控制系统（Distributed Control System，DCS），发展到当今流行的现场总线控制系统（Fieldbus Control System，FCS）。

3. 计算机操作系统

计算机操作系统的定义是管理计算机硬件与软件资源的计算机程序。计算机操作系统需要处理管理与配置内存、决定系统资源供需的优先次序、控制输入设备与输出设备、操作网络与管理文件系统等基本事务。计算机操作系统也提供一个让用户与系统交互的操作界面。

基本上，这几类操作系统几乎覆盖了工业互联网所有的应用场景，从底层的工业场景（包括设备场景和生产场景）到各种管控系统、应用系统、管理系统等，再到智能产品、智能服务针对终端用户的场景，都有这几类操作系统的身影。

目前，底层的自动化系统和控制系统是较为成熟的体系，在国外经过了多年的沉淀，除了个别控制技术有一些中国厂商的身影（例如中控自主研发的 DCS），很多控制技术被国外垄断。

如果我们仔细观察会发现，在控制系统之上、应用之下的这一空间，缺乏一个统一的平台或系统来支撑整个数据的采集和流转、应用的对接和互通，以及各种系统的承载和协作交互，缺乏一个“虚实之间”的桥梁，打通底层系统和上层应用，即在底层系统和上层应用中间缺乏一个承上启下的工业操作系统。工业操作系统如图 3-16 所示。

目前，我国正在大力推进的工业互联网能够很好地承载这一使命，在工业互联网体系内，工业互联网平台具备这一能力，工业互联网平台的作用也是基于此。

尽管如此，工业互联网平台和工业操作系统还是存在一些不同之处。

工业互联网平台是面向制造业数字化、网络化、智能化的需求，构建基于海量数据采集、汇聚、分析的服务体系，支撑制造资源泛在连接、弹性供给、高效配置的工业云平台。

工业互联网的本质和核心是通过工业互联网平台把设备、生产线、工厂、供应商、产品和客户紧密地连接起来。它可以帮助制造业拉长产业链，形成跨设备、跨系统、跨厂区、跨地区的互联互通，从而提高效率，推动整个制造服务体系智能化。工业互联网有利于推动制造业融通发展，实现制造业和服务业之间的跨越发展，使工业经济的各种要素资源高效共享。

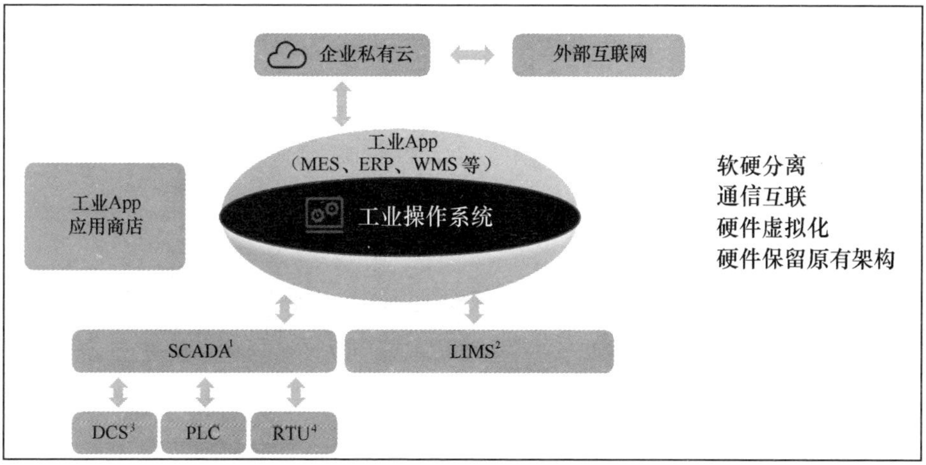

注：1. SCADA（Supervisory Control And Data Acquisition，数据采集与监视控制系统）。
2. LIMS（Laboratory Information Management System，实验室信息管理系统）。
3. DCS（Distributed Control System，分布式控制系统）。
4. RTU（Remote Terminal Unit，远程终端单元）。

图 3-16　工业操作系统

与工业的体系和场景，以及工业的重要性和复杂度相比，工业互联网平台定义的能力远远不够，还需要更加深化、更加具象、更加专注地针对工业生产制造本身进行深度探索和覆盖。工业互联网平台 / 工业操作系统平台化的应用场景如图 3-17 所示。

综上所述，以工业操作系统来弥补工业互联网逻辑体系的不足是合适的，工业互联网的升级版和高级阶段是工业操作系统。

本质上，工业操作系统是工业互联网平台的终极形态，相对于工业互联网平台来讲，工业操作系统在能力、完整度、匹配度和实用度上更加突出，工业操作系统在技术深度上比工业互联网更强大，对于数据的采集、存储和应用的能力更强，体系的完整度和耦合性更优秀，更具有实用性，对于工业体系各场景的匹配度更好、范围更广。最重要的是，基于工业操作系统开发的应用更加下沉，更加符合客户的需求，更能打通底层、中层和上层，从而更加具备工业属性。

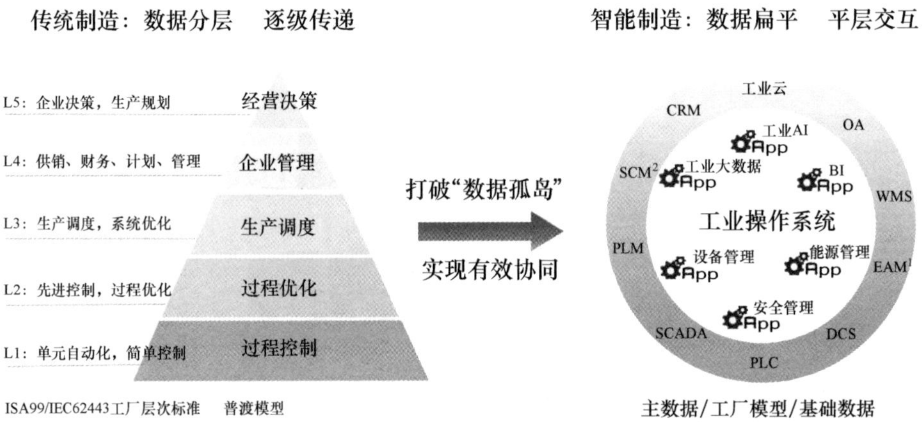

注：1. EAM（Enterprise Asset Management，企业资产管理系统）。
2. SCM（Supply Chain Management，供应链管理）。

图 3-17 工业互联网平台 / 工业操作系统平台化的应用场景

中国需要自己的工业操作系统

目前，国内外都在争夺工业操作系统这一高地，这也是国内大力支持工业互联网发展的原因。实际上，美国早已意识到类似的问题，很早就开展了工业操作系统的建设。

作为工业互联网的开创者，GE公司于2012年在全球范围内率先提出工业互联网的概念，2013年推出工业互联网平台产品Predix。2015年，GE公司推出Predix 2.0，并在全球建成4个云计算中心，每天监测分析来自全球各地部署的1000万个传感器中的5000多万项数据。2015年，GE公司在全球成立新的业务部门GE Digital，并将原有的软件和IT职能部门并入其中，Predix作为明星产品成为该部门的重要资产。

西门子于2016年推出了MindSphere平台。该平台采用基于云的开放物联网架构，将传感器、控制器及各种信息系统收集的工业现场设备数据通过安全通道实时传输到云端，并在云端为企业提供大数据分析挖掘、工业App开发，以及智能应用增值等服务。

我国也一直在推进工业互联网，如果我们仔细分析一下目前行业内的工业互联网平台，我们会发现很多平台都不具备成为工业操作系统的能力，包括十大双跨工业互联网平台。

这些平台基本上可以分为三类：**第一类是基于IoT技术，在自己或者客户的设备上安装采集终端，广泛连接和管理这些智能产品，然后基于此提供一些服务；第二类是来自供给侧能力突出的企业，可以提供大而全的技术平台；第三类是创新平台，承担一些电商、金融、个性化定制等工作。**

这些平台对于工业的下沉度不够，本质上距离工业核心场景较远，几乎没有真正服务于生产、服务于制造的平台，都是围绕在工业周边场景，没有很好地理解工业、服务工业，如果任由这样的平台发展，工业互联网平台就会逐渐变形，不利于工业的发展，这需要引起我们的警惕。

庆幸的是，我国现在也有了自己的工业操作系统。

2018年7月11日，由维科集团联合褚健教授团队、国投高新发起并投资建设的宁波工业互联网研究院正式发布我国首个拥有自主知识产权的工业操作系统——supOS。supOS工业操作系统推出后，集聚了各种“智能App”，形成了开放生态系统，这有效助力宁波市乃至全国的制造业企业加速迈向“工业 4.0”时代。

supOS 是集工业大数据全集成平台、工业智能 App 组态开发平台、工业大数据分析平台、工业人工智能引擎服务、工业智能 App 等于一体的工业操作系统，实现云（云互联网平台）、企（工厂互联网平台）、端（边缘计算节点）3 层统一架构，可实现管控一体化交互。

中国自主研发的工业操作系统

supOS 工业操作系统以企业为中心构建面向过程监控、生产管理和经营决策的一体化应用平台，通过“平台 + 工业智能 App”的方式实现企业客户的信息化、数字化、智能化升级转型，致力于打造服务企业、赋能工业的智慧大脑。supOS 工业操作系统提供的横向和纵向弹性扩展能力，可满足智能制造细分行业中企业从小到大，从单一优势业务发展为多元化集团型应用的场景。当前 supOS 工业操作系统聚焦在生产管控业务领域，具有数据采集和 Web 流程图发布、趋势展示、报警展示和 Web 用户权限分配等功能，可以根据行业客户的具体需求进行业务场景方案的定制开发，客户技术人员和合作伙伴可以基于 supOS 进行基于场景化的 App 开发。

整体应用架构如图 3-18 所示。整体应用架构主要分为以下 3 层。

边缘智能层主要负责企业大数据平台的数据接入和边缘计算场景应用。supOS 系统能够提供多种工业标准数据协议接入能力，例如，对象链接与嵌入的过程控制（OLE for Process Control，OPC）、ModbusTCP、Modbus RTU、IEC104 等，满足国内外主流厂家的 PLC、DCS、数据采集与监视控制系统（SCADA）等系统软件的实时数据接入。同时，工厂中的生产信息系统［例如，MES、WMS、企业资产管理系统（EAM）、实验室信息管理系统（LIMS）］和上层信息管理系统（例如 ERP、CRM 等），在实际应用中的数据特征具有多样性，一部分管理数据与生产控制具有强相关性，具备较高的实时性和可靠性要求；另一部分管理数据主要服务于管理人员的统计分析和决策依据，对实时性的要求相对较低，只需要及时按需提供即可。

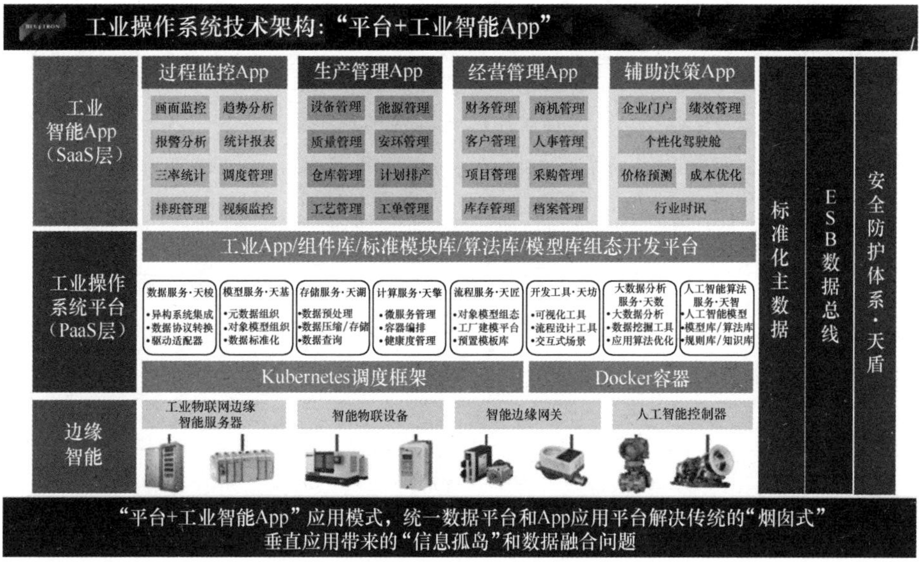

图 3-18　整体应用架构

supOS 工业操作系统平台层主要负责构建企业大数据平台，处理海量多元数据的接入，对元数据进行统一定义和重组织，提供数据存储、查询和应用服务。同时，该平台提供工业大数据集成、分析、挖掘和可视化展示的一整套 IT 工具集和模板库，工厂的不同角色（生产者、管理者、经营者和业务专家）在平台上可以进行数据的创新应用开发。

工业智能 App 层主要面向企业 / 工厂运营过程中的各个岗位人员使用的应用功能入口，这些工业 App 从辅助操作、生产管理、调度优化、安全管理、能源方案分析、设备资产管理等方面帮助工厂的生产人员和管理人员减轻工作负担，提升工作效率，从而实现智能化工厂运维管理。同时，利用平台提供的工业 App 组态环境，工业智能 App 可以针对特定场景、特定需求进行个性化快速开发。

工业操作系统特点

1. 信息全集成平台

信息全集成主要负责采集工厂的人员、设备、装置、物料和产品等信息数据，打破工厂内的DCS、MES、WMS、办公自动化（Office Automation，OA）、供应链管理（SCM）、CRM、ERP等业务系统的“数据孤岛”现状，实现工厂的生产数据、管理数据和运营数据有效融合。企业建设信息全集成平台，可形成生产要素的大数据画像，实现多业务系统的有效融合、联动，对工业企业几十套“烟囱式”信息系统进行App化迁移。信息全集成平台构成如图3-19所示。

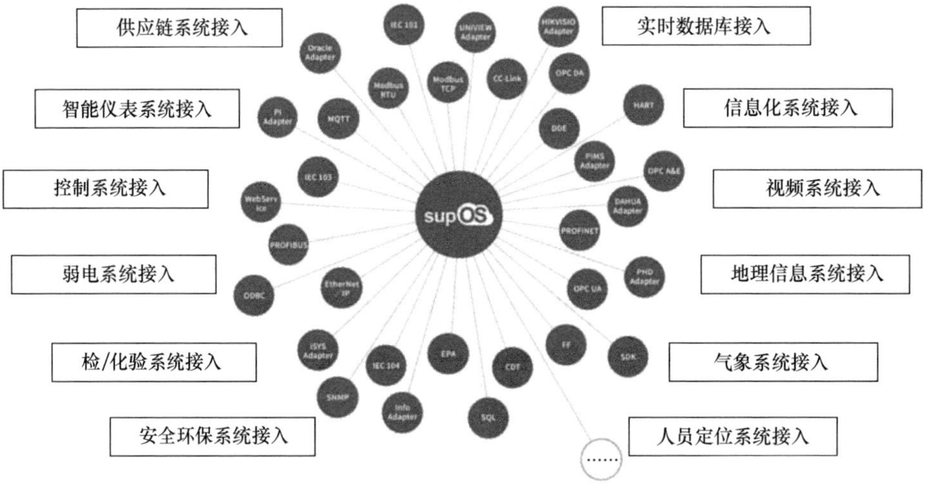

图3-19　信息全集成平台构成

2. 工业微服务架构

supOS工业操作系统通过工业微服务可实现机理模型算法的模块化和软件化，满足工业App的运行和扩展。在工业互联网平台中，工业微服务发挥着承上启下的关键作用。一方面，基于不同行业、不同领域的经验知识所提炼出来的各类原始机理算法模型通常缺少对外调用的接口，往往难以进行独立的调试、运行和升级，需要用工业微服务的方式将这些机理算法模型集成起来，封装成可独立调试运行的单一功能或服务模块，提升易用性和可维护性。另一方面，在工业互联网平台中基于工业微服务模块可进行工业 App 的开发，既能够借助工业微服务并行开发、分布运行的特点，有效发挥平台海量开发者接入、资源弹性配置、云化部署运行等优势，又能够利用工业微服务独立隔离、灵活调用的特点，克服工业 App 面临的快速运维、持续迭代、个性化定制等问题。工业微服务架构如图 3-20 所示。

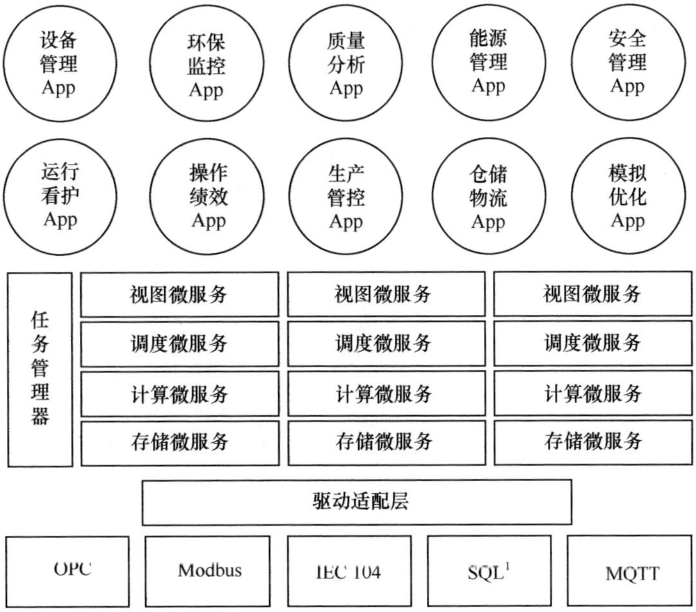

图 3-20 工业微服务架构

注：1. SQL（Structured Query Language，结构化查询语言）。

3. 工业 App 开发环境

supOS 工业操作系统提供的可组态的工业 App 开发环境，可通过图形化、组件化、模块化的向导式应用构建，有效降低 App 开发和设计的 IT 门槛。用户只需要关注应用场景和业务流程的分析和设计，利用 supOS 工业操作系统提供的表单设计和工作流设计工具，快速开发 App 应用。supOS 工业操作系统可提供工业微服务容器框架，每个 App 都运行在一个独立的容器中，实现了热插拔。通过 supOS 提供的交互式业务和流程设计器，可满足流程图监控、在线报表、App 业务管理页面、工作流管理、Dashboard 分析、大屏画面、数据 DIY 分析等一体化的混合业务编排和场景设计。工业 App 开发环境界面如图 3-21 所示。

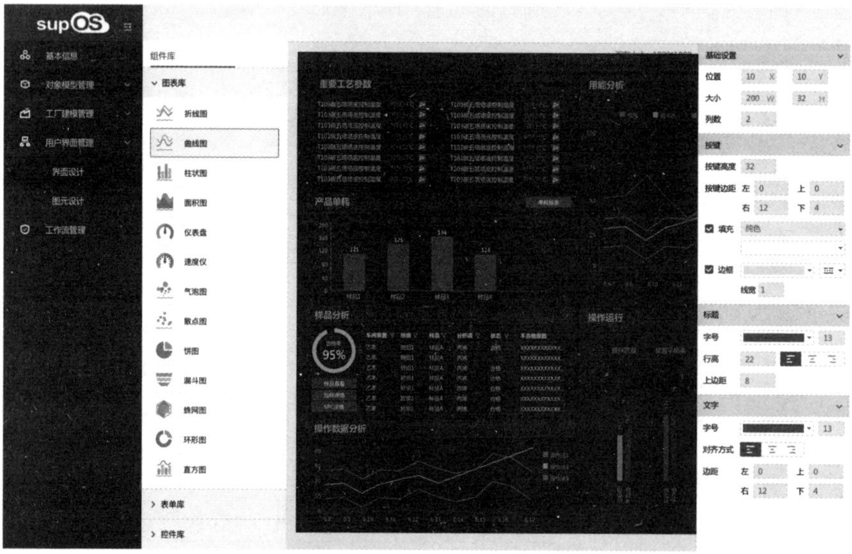

图 3-21　工业 App 开发环境界面

4. 数据 DIY 分析与展示

supOS 工业操作系统能够提供数据 DIY 分析工具，用户可通过组态方式实现多元数据的自主分析与利用，例如建立生产看板、能耗看板、设备预警看板、重要指标参数看板、重要摄像头监控等。工业过程中产生的时序数据、流式数据和关系数据，通过不同的展示方式，可实现多元数据的可视化综合应用。supOS 工业操作系统为每个用户提供了个人空间，用户可根据自己关注的内容进行个性化定义，个人空间内容可进行权限控制。在可视化工具方面，supOS 工业操作系统提供了一整套数据展示的控件库，包括基础图元控件、图表控件、报表控件、趋势控件、实时报警控件、历史报警控件和视频控件。基础图元控件包括矩形、圆角矩形、椭圆、弦、扇形、多边形、按钮、棒状图、管道、直线、弧、折线、文本、数据链接和图片等。其中，图表控件包括柱状图、曲线图、散点图、折线图、饼图、气泡图、面积图、玫瑰图、仪表盘和热力图等。数据 DIY 分析与展示示例如图 3-22 所示。

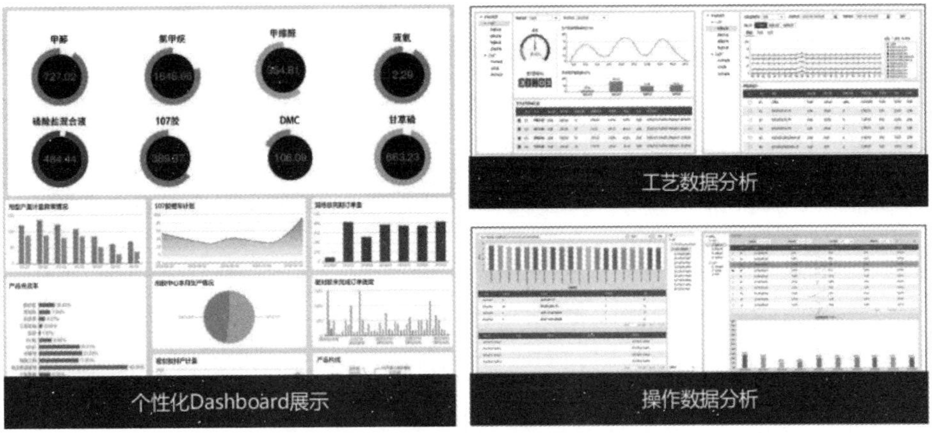

图 3-22　数据 DIY 分析与展示示例

5. App 应用商店

应用商店是向企业用户提供的 App 分发渠道，为繁荣工业互联网平台的应用生态、促进工业提质增效和转型升级发挥着重要的支撑作用。应用商店上的应用和服务，从类型分，包括工业 App、智能算法、设备驱动等；从资费分，包括免费、一次性付费、按订阅周期付费；从来源分，包含由官方提供的、第三方开发者提供的。用户通过 App 应用商店可以浏览不同类别的工业 App，了解其功能和价值，从而更好地选取适合自己企业的工业

App。App 应用商店的效果如图 3-23 所示。

图 3-23　App 应用商店的效果

6. 工业大数据及人工智能

基于机器学习技术的工业大数据分析赋能平台，可为企业用户提供大数据环境下满足不同领域业务需求的建模算法和数据挖掘等多样化应用服务，并提供精细化算法节点、拖拽式连线操作、图形化洞察分析等功能，让机器学习、数据挖掘技术更加简单易用，降低企业数据建模技术门槛，帮助企业充分利用和挖掘数据潜在的商业价值。

supOS 工业操作系统的人工智能应用平台，可提供机器视觉、语音识别、智能问答、自然语言处理等服务能力，实现人工智能技术在工业领域的深度应用。根据特定场景进行建模分析，人工智能应用平台可实现算法模型开发，训练完成的算法模型可在平台中运行。基于机器视觉分析的服务可通过接入的工业视频进行图像分析，分析结果可与人工智能应用平台的工业实时数据等进行联动，根据不同的场景产生响应的工艺质量报警、人员安全预警、设备故障预警等。人工智能技术与业务系统的无缝融合，实现了数据的相关性分析、未来趋势预测、工艺动态特性分析等多种分析业务，促进数据分析成果转化为生产力，达到商业价值最大化。

7. 纵深防御、自主可控的工业安全防护体系

基于多点分级、纵深防御、本质安全的拟态空间安全体系，实现了从“规划设计”到“生产护航”再到“危机应对”的全方位安全布防，综合保障了工业生产过程中的设备安全、操作安全和环境安全。通过多机冗余、断线续传、自动重连等可靠性技术的多协议数据采集和驱动动态适配扩展，可实现工业现场数据的准确、可靠、及时上送，为企业大数据的分层清洗、治理提供了一体化防护方案。基于点点隔离、鉴权认证的企业内部与外部连接时的

网络通信安全技术，防范病毒入侵、黑客攻击，实现企业级工业云平台的自主可控。依照“工业互联网安全框架白皮书”，安全体系的防护对象包括设备、控制、网络、应用及数据等内容。supOS 工业操作系统可提供分级多域、自主可控的信息安全防护体系，支持深度防御安全，将安全防护能力分布在平台中的各层架构，具有访问控制、数据分区隔离、通信安全加密、入侵检测等安全防护措施。工业安全防护体系如图 3-24 所示。

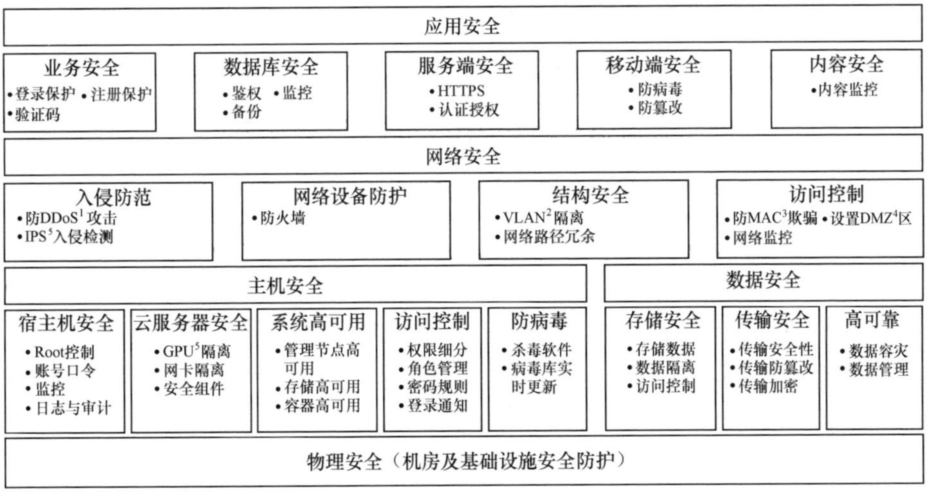

注：1. DDoS（Distributed Denial of Service，分布式拒绝服务、攻击）。
2. VLAN（Virtual Local Area Network，虚拟局域网）。
3. MAC（Media Access Control，介质访问控制）。
4. DMZ（Demilitarized Zone，隔离区）。
5. IPS（Intrusion Prevention System，入侵防御系统）。
6. GPU（Graphics Processing Unit，图形处理器）。

图 3-24　工业安全防护体系

总结

一直以来，广大的工业企业面临着“信息孤岛”、缺乏顶层设计、建设多个“烟囱式”的垂直应用、软件项目普遍存在定制化程度高、推广困难等问题。虽然企业拥有海量数据，但在生产数据、管理数据和运营数据的融合上困难重重，无法真正为企业创造核心价值。而新一轮的数字化智能变革，自动化与IT技术的创新融合，迫切需要以工业大数据分析为核心的全生命周期服务、以工业互联和智能为核心的产业协同模式。

工业互联网平台对制造业数字化转型的驱动力正在逐渐显现，无论是大企业依托平台开展工业大数据分析，实现更高层次的价值挖掘，还是中小企业应用平台上的云化工具，以较低的成本实现了信息化与数字化普及，抑或是基于平台的制造资源优化配置和产融对接等应用模式创新，都在推动制造业向着更高的发展水平迈进。

总体来看，制造业数字化转型已是大势所趋，工业互联网平台对于制造业数字化转型的支撑作用将会越来越强。工业互联网平台的应用，为制造企业生产和运营优化的能力提升，提供了探索应用模式和路径，随着工业互联网平台的不断创新和应用突破，将持续推动制造业的转型升级，实现高质量的发展。

目前，行业内的各工业互联网平台提供商的水平良莠不齐，各工业互联网服务企业基于市场和资金的压力，也在做一些不符合市场规律和用户真实诉求的事情，聚焦工业本质核心生产相关业务的较少，这种情况不符合我国对于工业高质量转型升级的要求，我们迫切希望工业互联网头部企业务实求真、真抓实干，以市场和用户为诉求，以工业核心业务为主要提升方向，真正地打造市场和用户认可的平台，实现工业互联网的真正落地。

总之，在当前的国内外形势下，打造具有我国自主知识产权的工业操作系统对工业企业来说是非常必要的，尤其是在新一代信息技术和国家转型升级的背景下，依托我国具有自主知识产权的工业操作系统，深入探索工业本质，在工业核心业务模式的基础上开展工业互联网规模化应用，整体上促进我国工业转型升级。只有通过这种方式，才是正确、合理、有效的数字化转型路径，也是促进我国工业企业高质量发展的必然道路。

|工业企业数字化转型的路径和着力点|

转型路径

我们需要对工业互联网市场进行适度的探讨，因为工业互联网的发展呈现爆发式增长，2020 年市场规模达到 7000 亿元，工业互联网渗透多个行业，成为核心助力因素，主要有以下 3 个判断依据：**第一，工业互联网平台应用目前处于初级末期向高级初期转变的阶段；第二，随着产业政策逐渐落实，市场空间将有望加大；第三，工业互联网平台是工业全要素链接枢纽和资源配置核心，通过平台可打通制造业与互联网的壁垒，驱动工业智能，打造开放式创新生态，变革生产制造体系。**

工业互联网平台的应用场景包括四大方面：**面向工业现场的生产过程优化，面向企业运营管理决策优化，面向社会生产资源配置与协同，产品周期的管理与服务优化，产品设备的智能化，涉及制造工艺、生产流程、质量管理、设备维护、能耗管理、供应链管理、生产管控一体化、企业决策管理、制造能力交易、协同制造、个性定制、产融结合、产品溯源、产品设计反馈优化、产品远程预测性维护、智能产品和智能设备群等。**

工业互联网领域的主要参与者包括装备制造企业、消费品生产企业、自动化企业、通信管理软件企业和领先的信息技术企业。

此外，我们也可以通过“工业互联网平台白皮书”了解工业互联网平台的应用分布，其中，62% 分布在大数据深度优化领域，25% 分布在信息化应用领域，13% 分布在资源调配和模式创新领域，其中涵盖了资产管理服务、产品研发设计、生产过程管控、企业运营管理、制造与工艺管理、资源配置优化等方面，还可以了解到国外工业化平台应用分布最大的是在设备健康管理和产品后服务市场，占比达到 49%，其次是生产过程的管控，占比达到 24%。而我国工业互联网应用最重要的有两个，一个是生产过程的管控，占比达到 32%，另一个是后服务市场和设备健康管理，占比达到 27%。由此我们可以看到，我们在产品后服务市场有一个非常大的提升空间。

我们在前文提到过工业企业数字化转型路径图，从早期的信息系统的建设和优化，到数据中台、工业互联网平台的构建，再到人工智能的应用等，工业企业通过信息化、网络化、数字化和智能化体系的构建，全面重构了企业形态，打造了数字化企业。

那么，工业企业实施工业互联网，开展数字化转型的最佳路径需要跨越 3 个阶段。

1. 资源云化改造：推动 IT 能力平台化，全面推进制造资源云迁移

资源云化改造是企业综合效益提升、破解集成应用瓶颈、发展创新服务的一个关键因素，通过打造云基础设施、业务系统云化改造，工业企业可构建弹性分配、快速交付的 IT 能力平台，然后打破“系统孤岛”，保证制造资源互联互通，最后开展制造资源云端迁移，这将带来整个 IT 能力的创新。

2. 能力开放共享：推动制造能力平台化，促进制造资源开放合作和协同共享

如果第一阶段是开展系统云化的话，第二阶段就是云化后制造能力的平台化。我们需要通过 4 个步骤实现：数字化、模型化的制造资源；制造能力的模块化、标准化和平台化；为用户企业创造制造能力开放共享、在线协同

的环境；制造能力在线交易、制造资源动态配置和迭代优化。制造能力平台化可以带来制造能力社会化共享，大幅降低交易成本，全面提高制造资源综合利用效率，实现企业、行业、区域间制造能力的互补。

3. 智能融合创新：推进工业知识与大数据、人工智能深度融合，提升制造业创新能力

工业企业有了系统云化和制造能力平台化的基础，可以全面推进工业知识与大数据、人工智能深度融合，提升制造业创新能力，打造一个开放平台。工业互联网平台通过构建开放价值生态，建立价值分享机制，打造覆盖全产业链、全价值网络的新型制造业创新体系，支持平台、用户、开发者和合作企业的价值分享和制造业创新。

最佳着力点

工业互联网平台有了理论体系和目标愿景后，我们就要找到一个最佳着力点和突破口，工业互联网有 3 个主要方向：一是面向企业内部生产效率的提升；二是面向企业外部价值链的延伸；三是面向开放生态的平台运营。

在这 3 个方向中，哪一个是最佳着力点和最佳突破口呢？我们认为面向企业外部价值链的延伸是一个重要的突破口，具体原因如下。

第一，服务化转型可以使企业快速感受到效果，提高工业互联网的市场接受度和容错性。

第二，市场服务化业务是一般企业的共性需求，且规模巨大，容易带来较大提升，提高企业收入。

第三，服务化转型的成功施行可以促进和优化生产环节的提升，为企业的整个产业链带来价值。

我们需要找到既有利于迅速开展工业互联网相关的应用，快速享受工业互联网供给侧能力，又要尽快看到实际效果，落地应用，从而为企业将来全面开展工业互联网应用、开展数字化转型升级、走上高质量发展打下很好的

基础。因此，开展服务化转型的工业互联网应用是一个很好的选择，以此作为入口，不断迭代升级优化，不断解构创新发展，相信在不久的将来，一定会成为工业全面发展的新一轮增长引擎。

过去的企业卖的是产品和配件，客户购买后，企业就和客户没有进一步的联系，可是在如今的互联网时代，这种形式一定会走向落后的，因为只有和客户进行深度连接，才是符合新时代的营销手段，企业不应该只是卖产品，产品只是一个载体，产品是企业和客户达成交互、沟通协调的一个渠道而已。目前，很多企业已经开展这方面的探索，例如海尔提出他们卖的不仅是冰箱，还卖的是整个厨房的解决方案、整个智能家居的解决方案。电梯行业也一样，卖电梯已经不挣钱了，而更多的是卖电梯带来的整个服务，我们知道整个电梯行业 60% 的市场是后服务市场，因此我们认为卖工业企业的产品应该嵌入更多的数字化功能，由原来简单的有形产品到“产品 + 售后服务”，再到“产品 + 差异化服务”，最终达到产品即服务理念的转变。

企业的服务化转型主要集中在 3 个方向：纵向延伸、横向扩展和战略重构。其中的重点就是战略重构，企业需要把原来以卖产品为主的传统战略逐渐转变为以卖服务为主的服务型制造战略。战术上，为实现服务化转型企业需要围绕 4 个阶段开展工作，具体包括：设备智能化改造上云，进行多维度、全数字化管理；打造智能产品，用数字化手段连接每一个生态触点，实现端到端全自动数据流；建设工业互联网，完善数字化供应链，实现线上线下一体化；完善平台服务支撑体系，发掘大数据潜在价值，实现商业模式创新。

总结

通过以上分析，我们对于工业企业数字化转型的路径、方法、策略和着力点有了全面和深入的了解，工业的理想目标并非难以达成，但是过程是艰辛的，道路是曲折的，通往成功的道路从来不是平坦的，只有不懈努力、艰苦奋斗，脚踏实地地坚持自己的目标去努力奋进才能达成理想。

没有希望的地方就没有奋斗，不是吗？

|数字化助力企业服务化转型，开启服务后市场新蓝海|

企业服务化转型的必然条件

1. 规模经济失效，高质量发展是主流

以前，传统企业的发展尤其是制造业，主要靠的是规模经济主导，市场发展良好，企业建设新工厂，开始大规模生产。如今社会处于供大于求的时代，一旦企业的产品和市场出现问题，就极易出现产能过剩的情况，会给社会带来很多问题。

我曾在一家制造业企业工作过，那时基建市场异常火爆，为了快速发展，匹配市场的响应速度，企业耗资几十亿元建设厂房，购买设备，风风火火地花费两年的时间建造工厂，等到正式开工生产的时候，市场已经出现了不景气的趋势，过了两年，市场遇冷，产品堆积如山，企业濒临破产。

对于政府来说，当地区域企业规模发展是有些困难的，企业发展需要建设新厂房，而有些地方几乎无法给企业提供新的土地。

当今中国，如果企业依靠规模去发展会遇到很大的问题，如果想要破除规模经济发展的魔咒，答案就是数字化转型。

规模经济的目的是什么？企业建设厂房、购买设备和增加工人，一个主要的目的就是提升产能、提高效率从而扩大收入，数字化提供了另外一

条提质增效的路径，企业不用增加工厂和工人，就能实现提升产能、提高效率，走上高质量发展的道路。这是未来企业发展的必然，也是当下中国必须要走的路。

2. 增量市场停滞，存量市场空间巨大

虽然企业必然要走上高质量发展道路，但是随着企业的发展，尤其是制造企业也会遇到一个问题，那就是卖产品已经不挣钱了，大量的后市场、服务市场的利润空间越来越广阔。也就是说，增量市场越来越小，存量市场越来越大。

电梯市场的电梯生产商，例如三菱、蒂森克虏伯、迅达等，销售电梯只占整个电梯市场总规模的 40%，大量的利润被后市场占有，电梯每 15 天需要维护一次，一般的部件半年左右就要更换，核心部件 3 个月就要更换，巨大的后市场空间给予了企业大量的机会，可是生产企业，尤其是制造商，看着巨大的后市场空间却无从下手，没有抓手去开展后市场业务，其实他们有很强的实力和机会去获取后市场空间，但是其战略、方法、手段和工具都需要加强。

3. 生产型制造向服务型制造转变是未来发展主流

面对捉襟见肘的土地、人员，面对高质量发展的前景，面对巨大的后市场空间，企业必须重视后市场，必须由生产型制造向服务型制造转变，未来的企业不再是一个生产型企业，或者说是不再把生产产品作为主要工作，而应该把更多的精力投向后市场，向服务型制造转变，制订专门的战略、组织、架构，匹配专业的人才、团队，用好数字化手段，向后市场开拓和转型。

4. 国家政策支持是重要因素

工业和信息化部、国家发展和改革委员会等 15 个部门共同发布了《关于进一步促进服务型制造发展的指导意见》。该文件提出，到 2022 年，新

遴选培育200家服务型制造示范企业、100家示范平台、100个示范项目、20个示范城市，服务型制造理念得到普遍认可，服务型制造主要模式深入发展，制造业企业服务投入和服务产出比例显著提升，示范企业服务收入占营业收入的比重达到30%以上；到2025年，继续遴选培育一批服务型制造示范企业、平台、项目和城市，示范引领作用全面显现，服务型制造模式深入应用。

加快推进装备制造业服务化转型，既是推进工业供给侧结构性改革的重要途径，又是我国建成装备制造业强国的必由之路！

企业做服务化转型的痛点和困难

一、为什么要做服务化转型

1. 盈利需要

市场产品同质化竞争严重，企业需要寻找新的盈利点。

2. 行业“倒逼”

企业生产的产品越来越多，分布越来越广，依靠人力难以满足生产和运维需求，需要用数字化手段代替人力密集型作业。

3. 客户引导

用户逐渐觉醒，市场需求发生变化，产品的吸引力在下降，基于“产品+服务”的整体解决方案逐渐受到客户重视。

4. 市场吸引

随着企业发展，市场存量用户越来越多，出售产品的单一商业模式已经逐渐失去商业价值，通过服务和用户建立长期联系，增强用户黏性，将为企业带来持续性收益。

二、服务化转型遇到的一些问题

1. 拉新引流困难

面对创新的互联网业务，传统线下拉新引流方式成本高、效率低、作用有限。企业需要借助互联网平台以更低的成本、更高的效率拉新引流。

2. 主动服务受限

现有用户服务体系都是被动响应式服务，企业应思考如何利用互联网主动触达用户，将被动服务更多地转化为主动服务，并根据用户需求，实现千人千面的个性化服务。

3. 资源共享滞后

在创新的互联网业务模式下，用户触达方式多种多样，入口分散。这使用户资源、流量资源、数据资源无法统一共享，难以形成合力。

4. 敏捷支撑缺失

创新业务模式让业务应用需求和模式瞬息万变，但当前互相割裂的传统“烟囱式”的企业信息化基础环境无法敏捷地响应并支持前端的创新业务需求。

企业服务化转型的方向、路径和方案

一、服务化转型方向

企业服务化转型方向如图 3-25 所示。

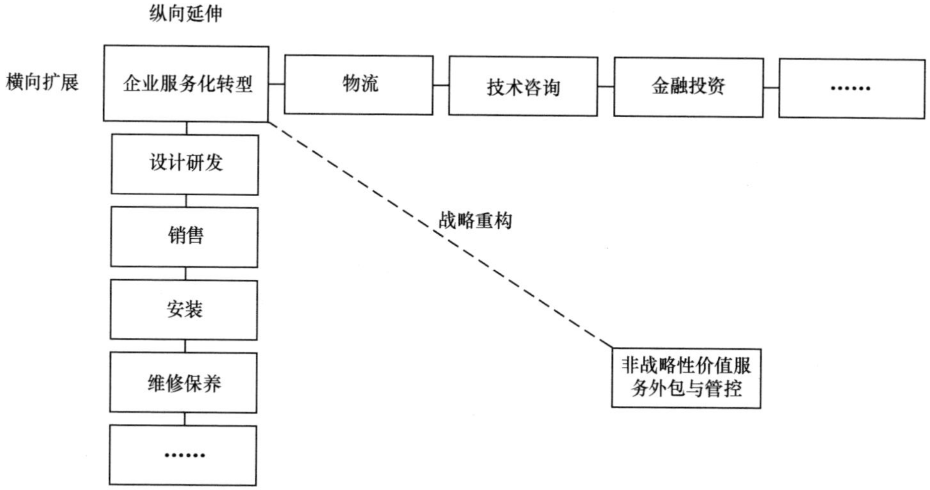

图 3-25　企业服务化转型方向

1. 纵向延伸

制造企业在原有生产制造环节的基础上，向上下游服务环节延伸，并将服务环节的增值活动全部或部分纳入自身的价值链中。

2. 横向扩展

制造企业依托传统价值链，横向拓宽自身价值活动，并将其培育成价值链中的核心增值活动环节，进而实现主营业务多元化，赋予原有产业新的经营领域及利润增长空间。

3. 战略重构

制造企业把传统价值链上的非战略性价值活动环节虚拟化，实行战略外包，同时将服务价值活动发展成核心增值环节，并牢牢把握住这些战略环节。

二、服务化转型路径

1. 有形产品向产品即服务转变

企业走向后市场开展服务化转型，一定要把产品作为最重要的载体。以产品服务化为载体，企业将快速有效地切入服务市场，利用信息技术，在传统工业企业的产品中嵌入越来越多的数字功能，促进硬件产品向软件化、服务化的方向发展，使用户和企业可以持续连接和交互。**按使用购买服务的方式将成为工业企业未来产业创新的焦点。**

2. 有形产品

制造企业主要是提供有形产品，销售产品和备件，以此获得市场认可和利润。有形产品转型模式如图 3-26 所示。

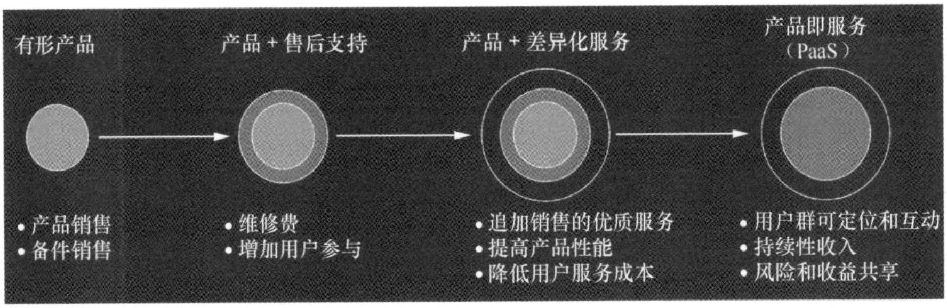

图 3-26　有形产品转型模式

3. 产品 + 售后支持

随着越来越多的产品被用户使用，用户需要产品生产商提供维修服务，企业可以通过自建售后服务系统、报修系统等为用户提供服务。

4. 产品 + 差异化服务

随着用户规模的增大，会有大量用户提出高质量的要求。提供优质的产品服务，提高产品性能，降低用户服务成本等成为企业深化服务的必然选择。

5. 产品即服务

企业走向后市场，必须树立产品即服务（Product as a Service，PaaS）的理念，这对于用户群体的选择和分析，对于用户的精准营销，对于打造符合企业自身的后市场服务体系等方面至关重要，完成这一阶段会为企业带来持续性的收入，同时也会带来一些风险。

服务化转型不是一蹴而就的，需要企业按步骤、合理化地开展。在这个过程中，企业的服务化转型是关键，数字化转型是手段。以工业互联网为例，工业互联网平台的发展如图 3-27 所示。

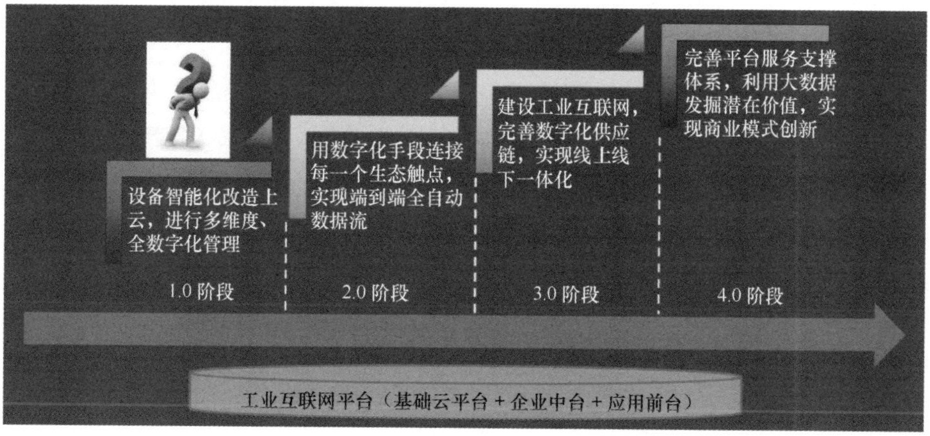

图 3-27　工业互联网平台的发展

（1）设备智能化改造上云，进行多维度、全数字化管理

企业上云最重要的组成部分或者说最有效的发力点、最可能带来价值的就是设备上云，这对于企业尤其是制造企业来讲，一方面设备上云可以支撑设备的多维度管理，和其他信息系统互联互通；另一方面产品实现了互联和上云，也会成为企业全面数字化的触点。

设备上云利用物联网技术、传感器技术，解决大量协议不统一和网络传输问题，保证海量设备接入，打造灵活可配置的设备模型，打造设备数字孪生体，解决数据管理、第三方系统接入的问题，提供丰富的应用，围绕设备进行多维度、全方位的数字化管理。

（2）用数字化手段连接每一个生态触点，实现端到端全自动数据流

对于企业来讲，产业链生态中的触点非常多，包括部件供应商、设备供应商、设备生产商、服务提供商、设备运营商、金融服务商等各种角色。如何打通每一个触点，是企业走向服务化的关键。这就要求企业一方面通过数字化工具，连接企业内部用户，实现数据联通及业务协同；另一方面需要借助自身和合作伙伴的生态能力提供场景化应用入口，让用户在线，增强用户黏性，用数字化手段连接每一个触点，实现数据流的打通。

（3）建设工业互联网，完善数字化供应链，实现线上线下一体化

工业互联网是互联网发展模式的深化，互联网完成了人与人的连接，形成消费者网络；“互联网 +”将连接扩展到企业，形成人与企业的外部连接，使企业的产品与服务能够快速传递给用户；而工业互联网在广度上将连接扩展到不同企业，在深度上将连接扩展到企业内部，使企业可以围绕用户需求重新组织要素和生产运营模式，更有效地实现供需匹配。

基于工业互联网平台，企业可以打造以用户为导向的全生命周期管理和运营体系，包括认知品牌、营销互动、品类甄选、售后服务、用户关怀、口碑传播等，打造用户商城、智慧门店、客服平台等，同时建设数字交易平台，完善数字化供应链，以数字统一平台的形式深入开展服务化转型。

（4）完善平台服务支撑体系，利用大数据发掘潜在价值，实现商业模式创新

在这个阶段，企业在之前的基础上，完善了工业互联网平台，打造了数据支撑、技术支撑、业务支撑等体系；将传感数据、服务数据、交易数据等接入平台，通过平台开展数据建模，机器学习和大数据分析等；打造预测性维护、舆情分析、用户画像、精准营销、用户行为分析和产品优化建议等服

务，为未来基于产品打造金融、产品、运营、管理和生态等服务的创新提供基础。

三、服务化转型方案

1. 打造符合后市场的软件即服务应用

打造针对后市场的业务组合，各类软件即服务（Software as a Service，SaaS）应用基于统一的服务中台，具备可扩展和集成功能，对物联网、运维、生产、后服务、供应链以及电商、金融等业务均有所支撑。软件即服务平台如图 3-28 所示。

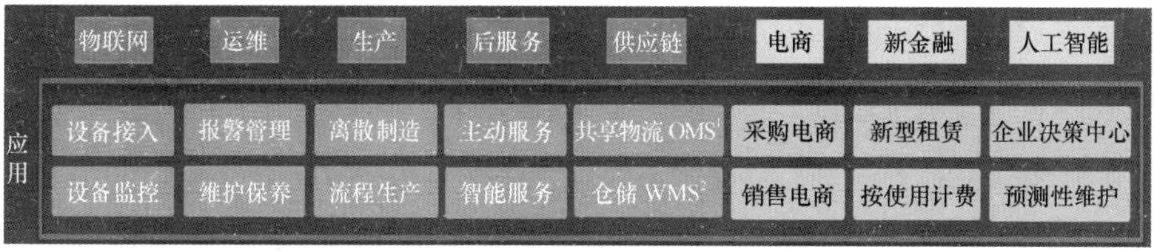

注：1. OMS（Order Management System，订单管理系统）
2. WMS（Warehouse Management System，仓库管理系统）

图 3-28 软件即服务平台

2. 构建统一的服务中台

建设统一的服务中台，打造业务中台、数据中台、技术中台、企业中台等中台系统，支撑各类微服务，包括设备连接类微服务、后市场服务类微服务、产业链管理类微服务和平台运营类微服务。打造集成化的综合管控平台。

3. 构建基础设施即服务平台

基础设施即服务（Infrastructure as a Service，IaaS）平台如图 3-29 所示。

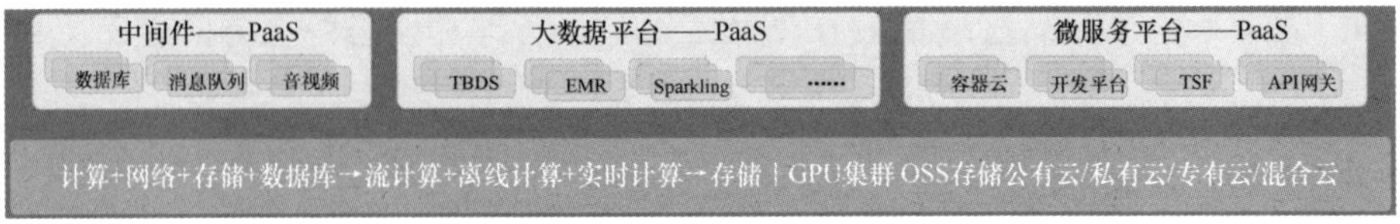

图 3-29　基础设施即服务平台

建设中台类 PaaS 平台与 SaaS 服务，以及对于数据的汇集和管理，机理模型的归集以及各种框架、服务、数据的集成应用等都需要一个可靠的 IaaS 平台。未来云服务市场趋于同质化，各类企业提供的服务区别不大，主要看的是平台的稳定性、安全性和性价比等。

服务化转型的收益与价值

1. 提升产品竞争力方面

企业通过物联网技术收集用户使用产品数据，结合 AI 等技术深入分析，不断调整产品工艺，优化产品表现，以全面提升产品的竞争力。

2. 提升服务效率方面

企业对用户的服务流程由线下转至线上，信息透明并且全程可追溯，从而降低服务成本，提升服务质量，提高效率。

3. 提升客户满意度方面

企业通过建设工业互联网，将多种服务延伸至用户，结合企业和合作伙伴的生态能力，加强与用户的联系，增强用户黏性，向用户输出更优质的服务，让用户更满意。

4. 降低成本、扩大营收方面

结合新一代信息技术、生态网络，以及工业互联网的建设，企业将信息进行融合，进行服务化的延伸，从而演化出创新的业务模式，助力自身找到新的盈利点。此外，数字化和服务化的广泛应用对于企业成本的降低以及扩大营收提供了很大的帮助。

总结

事实上，在国际国内形势以及自身行业发展受限等多重因素影响下，工业企业生存现状不容乐观，企业找到一条新的路径去求生存谋发展是当务之急，在这个过程中，数字化转型无疑是一条正确的道路。

很多企业虽然认识到数字化转型的正确性和必要性，但是一直没有找到好的方向和路径去开展和实施数字化转型，用数字化去助力企业的服务化转型，也许就是企业开拓服务后市场“新蓝海”的一把新钥匙……

工业互联网新模式探索：基于价值付费的服务生态

工业互联网作为新型工业数字化转型的重要手段，对整个工业的发展具有非常大的影响，是工业的底座和引擎。行业内对于工业互联网的模式进行了长时间的探讨和摸索，好的发展模式对于工业互联网具有非常重要的作用。

当前，工业互联网融合创新活跃，应用覆盖了国民经济 30 多个重点行业，涌现出六大典型模式。**一是数字化研发，**规模以上企业数字化研发设计工具的普及率超过 71%，领先企业基于数字孪生等新技术，将数字、经验、技术有机结合，大幅提升了研发的效率。**二是智能化生产，**工业互联网推动了感知设备、生产装置、控制系统与管理系统广泛互联，实现生产智能控制和运营智慧管理决策，形成高质量、高效率、零库存的生产模式，规模以上企业关键工序数控化率超过 51%。**三是网络化协同，**工业互联网整合更广泛的设计、生产、供应链和销售服务等资源，实现全产业链、全价值链的动态优化配置，大幅提升产业链、供应链的发展水平。**四是个性化定制，**工业互联网推动企业与用户深度交互，可灵活组织设计制造资源与生产流程，实现低成本条件下的大规模定制，满足市场的多样化需求。**五是服务化延伸，**工业互联网实现对智能产品和装备的远程互联和数据分析，形成产品追溯、在线检测、预测性维护等功能，拓展了企业的价值空间。**六是精益化管理，**基于全面连接、区域协同、全局优化，提高经营管理的效率，提升实时决策支撑水平，领先企业通过工业互联网联合创新，降本增效提质明显。

当下工业互联网平台的商业模式主要有**专业服务、功能订阅、金融服务、应用分成、平台销售** 5 类。

专业服务是当前工业互联网平台最主要的盈利模式，其最主要的服务方式是基于平台的系统集成。绝大多数与设备管理、能耗优化、质量提升相关的大数据分析平台都以这种方式提供服务。同时，也衍生出咨询服务，而咨询服务正在成为平台专业服务的新的盈利增长点，工业互联网平台利用自身收集的数据，可以为其他企业提供数据分析参考，以促进业务拓展。

功能订阅是现阶段平台盈利的重要补充，甚至有可能成为未来平台商业模式的核心，可以重点关注。一方面，工业软件服务与 IT 资源已经普遍采用订阅服务模式；另一方面，围绕资产运维、能耗优化领域的托管服务正在成为工业领域新的订阅方式。在具体交易模式中，工业产品交易较为成熟，而制造能力交易与工业知识交易仍在探索中。

金融服务已经体现出巨大的潜力价值，属于平台企业探索商业模式的新热点。推动产融结合是增强金融服务实体功能的重要措施，工业企业与金融机构均可在平台之上展开尝试。目前，在商业模式上主要有 3 种尝试途径：一是“数据 + 保险”模式；二是“数据 + 信贷”模式；三是“数据 + 租赁”模式。

应用分成是基于应用商店的分成模式，目前刚刚起步，部分领先的工业互联网平台已经开始探索构建应用开发者商店。大多数应用开发者商店仍处于培育生态阶段，还未对应用开发者进行分成，相信随着未来应用分成模式不断走向成熟，这种模式将成为平台新的盈利方式。

平台销售是指直接将平台作为一种软件成品进行销售。平台企业基于自身基础平台能力，将平台销售出去后在此基础上重新赋能，推动平台进行二次开发，给予新企业工业互联网平台的运营能力。

当然，以上商业模式仍然有传统互联网盈利方式的影子。只不过，互联网偏重于消费者端，而工业互联网则偏重于企业端，更强调面向特定场景的个性化服务，其商业价值体现在个性化实施，并最终向通用化能力延伸。

工业企业对于各种模式的应用场景已经有了一定的探索，这些模式相对比较成熟，那么是否有一些好的模式可以继续延伸呢？本节就在这方面做一些探索。

Costco的成功

让我们先来了解一下 Costco（开市客）公司。

Costco 在全世界拥有超过 700 家门店，人均单次消费额为 136 美元，并且 25% 的消费人群客单价在 100 ～200 美元。Costco 采用会员制，目前在全球拥有超过 9200 万会员。消费者必须缴纳会费才可以消费，Costco 上海闵行店目前的年费是 299 元。2018 财年年报数据显示，Costco 全球会员续费率为 88%。2019 财年前三季度，Costco 会员费收入为 23.02 亿美元，净利润为 25.62 亿美元。也就是说，Costco 的利润几乎全部来自会员费。

摩根士丹利（Morgan Stanley）公司的分析师在一份研究报告中写道："Costco 经营着我们这个领域最好的商业模式之一。"

根据该分析师的说法，这家零售巨头的成功之处在于仅通过最小限度地标记价格，降低客户成本并提供"差异化和高质量"的产品。

Costco 已经成为消费者更喜欢亲自购买而不是在线购买的各种产品（包括汽车、汽油和杂货）的首选目的地。通过成为消费者想要在实体店购买的商品的最有价值的选择之一，Costco 得以继续与迅速发展的电子商务公司（例如亚马逊）竞争。Costco 成功的原因有很多，总之，Costco 通过控制经营利润率等方式为消费者提供极致性价比，通过差异化的定位和有针对性的策划制造销售爆点，通过会员制的方式吸引和保留了大量高价值的客户，从而取得了今天这样的市场地位。

亚马逊公司的 CEO 杰夫 • 贝索斯说，零售分为两种：一种是想方设法多赚钱；另一种是想方设法让客户省钱。

杰夫 • 贝索斯认为，亚马逊和 Costco 属于后者，选择"彻底站在客户这一边”。这可能是 Costco 取得成功的关键。

为客户带来价值，成为客户的代理人，才能够与客户共生，才是真正的以客户为中心，也是企业长久发展的核心因素。

从产品走向服务：基于价值付费的服务生态

工业互联网的发展顺应历史发展的潮流，会随着整个工业的发展而同质化发展。目前，整个工业都在朝着产品服务化转型，工业企业也在由生产型制造向服务型制造转变。

工业企业原来基于产品和设备的售卖模式，将逐渐被基于服务的模式取代，也就是说，未来最终企业出售的不再是产品而是服务，产品本身已经不再吸引客户，企业必须提供产品的最终价值，也就是交付的结果来满足客户的需求。

这里引出一个概念，即当一个行业和它的产品比较成熟的时候，其必然会出现从产品走向服务的形态转变。此时，以价值付费的模式应运而生，工业互联网作为工业企业的服务手段之一，未来是否会开启服务价值付费的新模式？

在这里，我们要介绍一下工业互联网领域经常提到的“1%”。

2012 年 11 月，GE 公司发布了“工业互联网：打破智慧与机器的边界”白皮书，该文件给出了自己的答案，那就是如果工业互联网的推广和实施可以为工业领域带来哪怕 1% 的成本或者资本节省，也就是从效率提升的角度带来一点点微小的进步，其效益也将是极其巨大的。

该文件分析，在未来 15 年内，在几个关键的工业领域，1% 的效率提高将带来巨大的收益。

在航空工业领域，节约 1% 的燃料，将最终节约 300 亿美元；电力行业节约 1% 的燃料意味着节约 660 亿美元；医疗系统的效率提高 1%，意味着成本节约高达 630 亿美元；铁路系统的效率哪怕只提高 1%，也将带来 270

亿美元资本的节约；而在能源天然气领域，资本支出降低 1%，也会带来高达 900 亿美元的成本节约。

对于中国而言，快速的工业发展带来了粗放化经营和效率不高的问题，下一步如何在原有工业系统的基础上提升效率，是工业互联网每一家企业必须着手思考的切入点，也将是非常务实的一步。

同样的事情也发生在工业流程领域，上海赛科石油化工有限责任公司（以下简称“赛科”）构建了相关的工业互联网系统，通过监控汽轮机、压缩机、泵、风扇、热交换机等机器的振动、温度、排放等信息，提前发现机器故障隐患，并在第一时间做出维修响应。根据赛科内部测算，这项基于工业互联网的系统，每月能挽回超过 220 万美元的非计划停机生产损失。

随着工业互联网产业的发展，行业必然会走向成熟，未来工业互联网成熟的平台和技术，再加上成熟的实施方法和步骤，为工业企业带来价值，努力达到所谓的“1%”，相信并不遥远。

“1%”成本节省带来的收益只是工业互联网未来价值提升的缩影，未来工业企业基于价值付费的市场空间巨大。

基于以上的判断，工业互联网企业基于价值付费的商业模式转变未尝不是一种产业持久发展的商业策略。**因此，我们提出一种新的工业互联网商业模式：基于价值付费（Value Based Pricing，VBP）的服务生态。**

工业企业前期免费或者收取较少的费用为客户实施工业互联网服务，后期通过客户收益利润分成，同时可以把客户发展为会员，将客户培养成长期的合作伙伴，长期以数字化的手段服务企业数字化转型，按整包的方式每年按照客户价值提升收费，相关项目可以只要求毛利润控制在 10% ～14%，打造高性价比。

如果我们把这种理念应用于工业互联网领域，是不是会为工业互联网产业带来新的发展?

当前，很多工业互联网企业仍采用基于产品售卖的传统营销方式，没有真正站在客户这一边，没有把为客户带来价值作为持续诉求，如果我们站在客户这一边，目标是和工业企业一起，通过提供的工业互联网整体解决方案，为企业带来持续的降本、增效、提质等服务，切实带来工业企业各方面的价值提升，然后基于这样一种合作，工业互联网企业再从中获得一定的收益，未尝不是一种适用于未来时代且行之有效的商业模式。

总结

实际上，基于价值付费模式并不是一个新的商业模式，在传统服务行业内已经屡见不鲜。该模式最早在美国的医疗体系内试用并推广。

尽管如此，这样的商业模式在发展中的工业互联网领域还没有做过很多的应用尝试，也许未来随着产业基础和技术的成熟，伴随着我国工业数字化进程的不断提高，对于基于价值付费的接受和应用将成为常态，但就目前而言，基于价值付费模式应用于工业互联网领域还会遇到很多挑战，还需要解决很多的问题，例如预付费的问题、担保的问题、验收标准的问题等，未来的路还很长。

不过，可以预见，工业互联网作为新兴行业会出现很多新型的商业模式和业态，这些商业模式随着产业的发展也会在不同的场景中落地生根，以客户价值提升为核心的商业模式将是未来的主旋律，工业互联网服务商或运营商如果基于这样的理念的思路去构建自己企业的商业模式，那么也将会受益无穷，我们拭目以待。

纯软件时代红利消失，工业互联网平台价值凸显

在发展工业互联网的初期，按照工业互联网整个架构体系的设定：网络是基础、平台是核心、安全是保障，其中，平台是工业互联网各项业务开展的非常重要的组成部分，甚至被定义为核心要素。

可是，作为真正围绕客户的企业端，在我们去拓展客户，或者是按照工业互联网的架构、理念和方法体系去实际开展业务的过程中，我们发现客户对于平台是无感的，甚至在客户的整个信息化架构中或业务需求中根本没有平台的位置，客户更加关注的是应用，是实际的产出和性价比，对于平台这类底座、基础载体而言，过高的价格、过于宏伟的蓝图、超越客户认知的所谓载体，非但不能让客户买单，还会成为整个项目或产品落地的障碍。

工业互联网发展初期，甚至于很长一段时期，平台价值无法凸显。至于其中原因，我们可以从工业数字化发展的历史阶段去看一下，分析问题，找到答案。

工业软件应用模式的发展路径

1. 纯软件模式：初期的产物

较早从事工业企业信息化的朋友们都会有所了解，在工业企业接触信息化的初期，除了底层控制软件和工控系统，基本上工业企业信息化、数字化的主要表现形式就是使用工业软件。企业各项业务的开展，包括业务流、信

息流和数据流等全部以工业软件的形态进行固化和应用。

为什么要用工业软件？这是因为企业在开展各项业务的过程中，对于生产、管理、质量、业务流程、人员分配和产品设计等存在各种各样不规范的地方，严重影响效率、质量和市场开拓。我曾在苏州一家生产医院医用专柜的企业调研，在企业产品生产完成后，具体产品发往哪个客户，没人能够说清楚，管理基本是靠喊，销售主管指着某一批次的柜子说："这个发往北城的二院。"又指着旁边的一批样子差不多的柜子说："这个发往西区的五院。"这导致这家企业经常出现发错货的情况，因此通过构建一些工业软件（当然这里的案例主要是指管理软件）去固化业务流程，保证管理的有效性和订单的准确性，这只是工业软件的一个作用。

实际上，在工业企业接触信息化、数字化的初期，也就是国家推进"两化"融合的初始阶段，纯工业软件起到了非常大的帮助作用，保证了企业业务开展的规范性和准确性，为工业企业奠定了非常好的数字化基础。

2. 平台 + 软件模式：红利的消失与平台的融合

经历了纯工业软件的时代，我们发现，工业企业的一些"病"虽然得到了有效的治疗，可是副作用也是非常明显的，以前是企业遇到一个问题，通过一个软件去解决，再遇到一个问题，又用另一个软件去解决，长此以往，当企业的软件越来越多，越来越庞杂，企业的"烟囱式"系统林立，各类系统之间无法打通，无法实现交流通信，碎片化系统、碎片化数据成为常态，这时纯工业软件时代带来的红利几近消失。

在我接触过的一些企业中，尤其是大型制造业企业，最夸张的是竟然有100多个软件系统，这些软件遍布各个业务环节，有涉及设计研发的、有涉及生产运营的、有涉及库存管理的、有涉及市场营销的，工业软件已经和企业的各项业务无法分割、水乳交融了，可是，企业还是没有真正地从软件业务中获得特别大的价值，数据不准确，业务割裂严重，多源异构问题层出不穷，导致各类软件越来越被业务部门诟病，再加上企业光维护系统的人员都要有 300 多人，以纯工业软件运维为中心的企业信息化部门已经成为成本中心，对企业的价值在逐年递减。

基于以上的问题，我们需要重新解构企业的业务模式，然后基于新的技术能力构建新的业务模式，再去重构企业的各项业务形态，这个新的架构就是平台 + 软件的模式。

基于平台 + 软件，我们构建一个基础平台和底座，打通各类工业软件，把数据、业务等统一用一个基础底座进行纳管，并以此为载体构建相应的平台软件，平台有载体，数据有依托，业务有支撑，这样的新型的平台 + 软件的模式对工业企业数字化发展带来前所未有的帮助，软件的价值再一次得到认可。

3. 平台 +App 模式：新形态、新方向

平台 +App 时代的来临，解决了企业软件利用率和价值的问题，也引入了平台的价值增益，可是，工业软件在这种架构的使用过程中又出现了问题。

工业软件的问题在哪里呢？在于太大、太重，在很多的工业业务场景中，我们仿佛都在用“猎枪打蚊子，大象踩蚂蚁”。

一款正常的工业软件，动辄要花费几十万或百万元，仅仅是菜单就几十个或近百个功能，可是对于工业企业的绝大多数部门来说，它们仅仅使用几个或几十个功能，有研究表明，工业企业的业务人员平均花费 80% 的时间使用软件 20% 的功能，软件 80% 的功能被搁置，对于工业软件来说，使用率过低、大量的价值被浪费，此外，如果一个业务人员既需要用制造执行系统（Manufacturing Execution System，MES）的一些功能，又同时需要使用某些订单功能，还需要财务的功能，他就需要打开多个软件，使用起来也会非常麻烦，效率非常低下。

基于以上的问题，如果我们将工业软件进行解构，把工业软件的全部功能解耦、打散、拆解，基于统一的平台去构建独立的工业 App，然后进行各

种不同 App 的组合集成，这样是不是就可以更加精准、有效地解决企业业务人员的问题呢？

“工业 App 白皮书（2020）”中明确定义了工业 App。**工业 App 是基于松耦合、组件化、可重构、可重用思想，面向特定工业场景，解决具体的工业问题，基于平台的技术引擎、资源、模型和业务组件，将工业机理、技术、知识、算法与最佳工程实践按照系统化组织、模型化表达、可视化交互、场景化应用、生态化演进原则而形成的应用程序，是工业软件发展的一种新形态。**

工业 App 所依托的平台，可以是工业互联网平台、公有云或私有云平台，也可以是大型工业软件平台，还可以是通用的操作系统平台（包括用于工业领域的移动端操作系统、通用计算机操作系统、工业操作系统和工业软件操作系等）。

工业 App 的特点包括小轻灵、易操作，可解耦可重构，依托平台，集群化应用，特定的工业技术知识载体及特定的适应性。

以上的工业 App 的定义和特点无不表明一个道理：以解构 / 解耦—微服务化—组合优化的方式构建的新型平台 + App 的方式必将成为企业工业业务数字化的主流，这也是工业企业数字化转型新的形态、新的方向。

平台价值在凸显

当前，随着工业互联网在国家政策、行业引领和企业层面的不断引导，工业企业对工业互联网，尤其是对工业互联网平台越来越感兴趣，随着案例的不断涌现，企业也看到了越来越多基于平台的应用带来的实际价值。几年前，我们在做营销业务的时候，一般客户都会针对自身痛点谈实际的需求，极少提到平台，现在，越来越多的企业开始关注平台，甚至明确要求自己的企业必须要有平台，哪怕仅仅是很少的几个功能，他们也觉得需要一个载体和底座，这样才能构建新一代的数字化转型底座，跟上时代发展的步伐。

工业互联网平台不再是阳春白雪，而是企业数字化转型的载体和底座正逐渐被企业认可和实践，正从“好东西”走向“必需品”，我们也越来越看到平台的价值在凸显。

我们可以从几个层面去看一下平台价值的体现。

1. 平台是锁定客户的载体

对于工业互联网供给侧企业来说，通过构建工业互联网平台，以及构建基于平台的各类 App，可以使工业企业用户在得到数字化带来的价值的同时，不断地和企业取得业务交互，如果企业未来的各类业务均基于平台，以 App 的方式开展业务，那么企业的任何数字化转型就离不开平台，平台以及平台的提供方会成为企业发展数字化业务的寻问对象，平台真正地像种子一样嵌入企业的核心业务中，伴随着企业的发展而不断地成长、壮大，因此，我们认为平台是锁定客户的载体，这对客户同样也会带来巨大的价值，这是一个双赢的结果。

2. 平台的各类能力激活了企业的深层次诉求

如果说平台的构建可以深度锁定客户的话，那么基于平台的能力可以不断激活工业企业的深层次诉求。

工业互联网平台的几个技术能力趋势如下。

（1）低代码开发技术

工业企业的信息化人员越来越受到重视，以前企业信息化人员不太受重视，那时他们仅仅是维护系统，有些也做一些维修电脑、网络和设备的工作，但是这些人其实是企业数字化转型中非常重要的中坚力量，他们了解工业企业的 know-how（技术诀窍，从事某行业或某项工作所需要的专业知识），又了解一些基本的信息技术，如果可以提供一个强大的低代码或无代码开发平台，他们就可以利用自己的能力去做更多符合企业深层次需求的 App，为企业带来价值。

（2）集成业务服务总线能力

对于全领域业务的集成，工业互联网平台需要解决各类协议的适配问题，需要连接各类不同的设备和业务系统，需要一个强大的集成服务总线，集成服务总线也是体现平台集成能力的一部分。

（3）大数据处理技术

在系统全领域业务集成后，大量的数据被采集、存储、提取、优化和使用，需要一个强大的大数据处理平台，把数据进行资产化管理，然后基于数据去支撑前端的各类应用，例如大量 App 的使用、人工智能的使用、机器视觉的集成等。

总之，工业互联网平台的出现极大地激活了工业企业深层的诉求，使工业企业对于更深层次、更高层面的数字化诉求的实现成为可能。

3. 平台 +App 是企业数字化转型的新形态、新趋势

对于工业企业来说，也就是我们讲的需求侧，一直以来我们都在用软件去解决企业的问题，可是随着工业软件的红利消失，各种系统割裂、“烟囱式”系统林立，导致工业软件无法很好地解决企业的问题，另外，工业软件大多数没有打通 OT（运营技术，多指自动化技术），很多的工业软件只浮在 IT（信息技术）层面，解决企业问题的层级、措施和方法都有限，无法更深、更好、更有效和更精准地解决企业深层次的核心问题。

如果我们构建了工业互联网平台 + 工业 App 的模式，以 PT+ET+OT+AT+IT 的方式，也就是工艺技术、设备技术、运营技术、自动化技术和信息技术总体解决企业的核心问题，首先以生产为中心去解决企业生产的效率提升、工艺优化等问题，然后再解决企业内部全生产要素、全业务链、全价值链的各类问题，最后再解决企业的供应链、产业链的问题，这样或许才是工业企业数字化转型的合理路径。工业互联网平台 + 工业 App 的方式为工业企业提供了数字化转型的新形态、新趋势。

总结

需要说明的是，我们并没有贬低或者否认工业软件的巨大作用，我始终认为，是工业软件驱动了工业革命。正是工业软件的出现才促进了工业领域的信息化、数字化的发展，也间接促进了新一代工业革命的出现。但是，我们需要以发展的眼光看未来、看趋势，纯粹的工业软件架构已经不适合当前及未来工业企业数字化转型的需求，工业企业需要基于平台作为引擎和底座，以工业 App 的方式去全面支撑和赋能企业的数字化转型，这或许是一种新型合理的数字化转型的有效范式。

这对于工业软件的发展未尝不是一件好事，工业软件只是换了一种方式，以更高阶、更强大和更前沿的姿态，按照“平台 +App”的方式又找到了自己的春天……

非连续性创新时代来临，工业互联网破局路径探索

非连续性创新的时代来临

工业和信息化发展这么多年，从智能制造到工业互联网，虽然已经取得了很大的成绩，企业也感受到数字化实际带来的价值，但是，一直以来没有很大的突破，如今进入了工业互联网时代，如何切实有效地提升企业数字化转型的效果和价值，是横亘在我们面前的难题。

杰弗里·摩尔在他的经典著作《跨越鸿沟》中提出：创新分为两类，连续性创新和非连续性创新。

所谓连续性创新是指终端用户的使用习惯没有大的改变的创新，而非连续性创新是一种破坏性创新，是需要最终改变用户行为的创新，是具有颠覆性的行为模式的改变。

因此，我们反思，企业数字化转型一直没有很大的发展是不是因为我们一直在因循守旧，一直走在连续性创新的路上，积重难返？是不是因为我们没有找到很好的未来企业数字化转型的新范式作为方向？

在马车的时代，汽车的出现是一种非连续性创新，如果我们一直在马车上不断优化和创新，即使我们再努力，取得的效果也是微乎其微，如果我们接受和使用汽车，虽然刚开始有些不适应，有很多地方需要改进，但是，随着这种非连续性创新的发展，汽车时代的价值是无可估量的。

在这样一个新一代信息技术和制造业转型升级的工业互联网新时代，我

们是应该找到一种方式、找到一条路径去全面提升企业的数字化转型的能力，我们不能一直在传统模式的“牢笼”里不断犯错，我们需要开启企业数字化转型的新范式。

数字化转型痛点与探索

当前，企业数字化转型普遍遇到的痛点如下。

1.“烟囱式”系统林立，“信息孤岛”，产生应用碎片化

随着国家开展“两化”融合，随着工业软件的价值凸显，许多的工业企业都在自己的业务流程中使用了很多的工业软件，一些工业企业的工业软件竟然可以达到上百个，这些系统都和业务紧密相连，各个系统之间“孤岛”问题严重，系统之间没有打通，各类的应用非常碎片化，没有达到很好的效果，反而需要大量的人员进行维护，没有解决成本高的问题，反而成为鸡肋。

2. 工厂数据“散乱杂”，无法有效发挥数据价值

工业企业内各个岗位都有对于信息系统的诉求，但岗位和职责的不同在使用系统过程中会带来很多不同的问题，对工厂操作工和调度员来说，他们疲于处理各种数据报表，易错过重要信息，导致误操作，对工厂数据分析师来说，数据来自多个系统，导致他们分析效率低、无法全局分析，对工厂管理者和决策者来说，他们对工厂总貌云里雾里，决策数据多靠手工整理而来。这些问题显示工厂数据的“散乱差”，很难发挥数据的价值。

3. 生产工艺、经验难以有效传承、创新

传统的工业企业会花 90% 的时间在获得数据上，真正用于管理决策判断的时间只占 10%，也就是说企业花费大量的时间在无效的事情上，而真正

有效的时间非常有限，同时我们看到，传统工业企业的生产工艺主要集中在老师傅身上，靠师傅带徒弟进行传承，工艺技术非常容易丢失，工艺技术、生产技术等企业核心能力难以有效地传承和创新。

4. 传统工业软件难以支撑企业数字化转型需求

工业软件在过去极大地促进了工业企业的业务创新和管理创新，在一定程度上，工业软件驱动了工业革命的发展，但是，随着科技的发展，新时代工业软件也带来了很多的问题，首先，工业软件较封闭，一般为单体应用，系统对外开放性差，应用间协同都以点对点的接口实现，难以支撑企业多变的发展需求；其次，应用开发的 IT 门槛高，工厂的设备 / 工艺 / 运营专家无法直接参与知识的转化与沉淀，导致经验与知识的丢失；再次，功能同质化，功能设计都是供应侧思维，提供标准化套件功能，尽可能抑制个性化需求，从而保证信息化项目的盈利；最后，模式僵化，传统信息化系统的销售、研发、工程服务大都只能由一家企业完成，导致后期的运行维护成本高、服务质量差。

以上列举的仅仅是部分企业数字化转型遇到的痛点，我们需要消除“信息孤岛”，将信息集成融合，我们需要开放的智能应用平台，我们需要打造开放互联的智能工厂。

我们需要构建一个类似于工业操作系统的基础底座，然后聚合生态，去全面解决企业数字化转型的问题。

因此我们提出构建企业数字化转型的新范式：以工业操作系统为底座的生态聚合体，通过构建工厂工业操作系统，聚合工厂需要的各类有效生态，去解决企业设计、制造、运营等各方面的问题。

我们提出的工业操作系统是一个“承上启下”的通用平台，假如将工厂类比为智能手机，那么为每个工厂装上智能的“操作系统”，管理工厂里的每一个硬件、生产要素，就如同 Android 或 iOS 管理手机芯片等元素一样。原有工厂中“烟囱式”的大型软件将变成工业操作系统上的 App，来自不同厂家的App可以在统一平台上运营，实现“平台+App”的智能工厂新模式。

新范式的破局路径：隐形冠军和工业园区

基于工业操作系统的生态聚合范式如果仅仅束之高阁，那么其价值就不大，庆幸的是我们已经以此为模式开展和实践了大量市场化的应用，目前已经在大量的隐形冠军企业和工业园区得到了非常好的应用实践。

“隐形冠军（Hidden Champions）”的概念是由德国著名管理学思想家赫尔曼·西蒙首次提出的，因此他也被誉为“隐形冠军之父”。他通过研究大量的德国卓越中小企业案例，认为隐形冠军企业是指那些在某个细分市场占据绝对领先地位但鲜为人知的中小企业。

在赫尔曼·西蒙的《隐形冠军》书中，隐形冠军企业具有以下几个特点。

专注和聚焦、全球化、持续增长、具有市场领导力、研发和加工等深度高、贴近客户、重视质量、管理有效和组织结构精简等。

因此，通过工业操作系统赋能行业隐形冠军企业，会在工艺技术上构建整个行业领先的数字化，从而可以快速了解这个行业，赋能整个垂直行业，另外，会了解这个行业最优秀的运营和管理，也会在一定程度上帮助这个垂直行业的其他企业，达到利用操作系统快速助力整个垂直行业数字化转型的目的。

作为国内特种纸行业龙头企业、全球第一大电解电容纸生产厂家，浙江凯恩特种材料股份有限公司（以下简称“凯恩公司”）拥有包含电解电容器纸、滤纸、卷烟用纸、胶带用纸等产品的9条产线。凯恩公司长期受困于销售、生产、采购、财务等环节的数据脱节，各部门间无法高效协同。吨纸成本的统计准确性及实时性较差、纸张质量波动较大、特种产品“插单”频繁等问题突出，对凯恩公司的生产管理造成了极大的困扰。

工业操作系统以独有的工业数字化底座为基础，集成ERP、OA、安防、能管系统，建设客户关系管理（Customer Relationship Management，CRM）系统、生产管理系统、销售门户、仓库管理系统（Warehouse Management System，WMS），打造供产销一体化协同平台，大幅提升协同效率；通过生产管理系统与 ERP 系统实现按母卷的精细化成本统计；深度拓展生产端工艺管控，使用大数据技术加强质量与工艺的关联分析，通过“四率”提升控制系统操作水平评价与自动化投用的监管，从提质量稳工艺角度优化生产。

在工业操作系统的帮助下，凯恩公司不仅实现了数据源的统一，还能够通过统一平台处理供产销业务，业务传递时间减少 50%，人员精简 8%。工业操作系统内的工业 App 帮助凯恩实现了工艺的稳定和设备的预测性维护，异常停机 / 断纸次数降低 30%。通过定量、灰分、透气度等质量指标与工艺关联分析、优化，成品率提升 0.6%。

工业操作系统在造纸行业的成功落地应用，帮助企业实现生产精细化管控，按母卷系统自动统计浆料、化学品助剂、水电蒸汽耗用，从原来的月度成本报表转变成日报、周报，提升吨纸成本及时性与准确性。

基于工业操作系统的生态聚合范式的另一个典型的应用场景是工业园区。

工业园区聚集着具有产业集群性质的企业，园区普遍具有安全、环保的管理需求，再加上很多园区企业有对于企业内部体制降本增效的需求，以及企业协同协作的诉求，通过构建工业操作系统去一体化解决园区的痛点，打造工业互联网典型园区的管控模式，也是一种整体快速构建整体企业数字化转型的模式和路径。

长兴经济技术开发区城南工业功能区位于浙江省湖州市长兴县和平镇西南侧，有化工园区控制线 3.6 平方千米内企业 30 余家，主要覆盖化工、铅酸电池、建材、机械等企业。园区计划成为工业化与信息化“两化”深度融合的平台及化学工业园新标杆，提升园区管委会的管理水平。但是当前园区安全风险底数不清，园区信息化水平低，系统“信息孤岛”现象严重，并且传统管理模式压力大、效率低，缺乏高效智能的安环应急管控手段。

园区以工业操作系统为数字底座构建起立体感知网络，对园区的重大危险源、安防等全程监控，提升园区安全预警和风险防控能力；通过多部门协同应急指挥调度系统，建立对突发事件的分析研判、预测预警能力，辅助决策；构建"安全、应急、封闭"三位一体的安全管理体系，健全安全管理体制、机制，全面提升园区的管理水平；通过政企协同，促进园区管理工作便捷化、精细化和高效化，提高园区的服务能力和服务水平，提升园区监管效率。

工业操作系统支撑了园区的各种业务系统，满足园区精细化管理要求，对提升园区信息化、优化园区产业结构、改善园区管理、提高资源利用率等方面具有重大意义。

总结

未来学家彼得·伊利亚德曾说过这样一句话："我们处在近未来之中，我们都将面对与参与到未来之中。如果今天你不生活在未来，那么，明天你将生活在过去。"

作为工业人，我们每个人或多或少地畅想过未来的企业数字化转型到底是什么样子，我们应该怎样去规划和构建未来企业数字化转型的最佳路径，可能每个人心中的答案是不一样的。

但我们不能够继续走在过去陈旧不堪的老路上了，凝聚我们热情与希望的工业复兴之路必须破茧成蝶、焕然一新，我们需要换一种思维，换一条路径，换一套范式，换一种逻辑去开启新时代的企业数字化转型之路，也许以工业操作系统为底座的生态聚合的方法体系和路径会是当前和未来企业数字化转型的最佳范式和最好答案，对此我们拭目以待。

|跨越：工业互联网如何走向主流|

阶段本质

很显然，现在的工业互联网市场还处于早期，即使很多的政府领导和行业专家都在讲未来的市场空间很大，但是，实际上仅从规模和效果上看，进入主流市场还远远不够，正因为这样，工业互联网产业反而前景广阔。

之所以说工业互联网现在是早期市场，是因为现阶段很多的工业互联网应用项目的建设有很多的因素在起作用，要么是很多企业具有创新意识，希望通过工业互联网提供的技术和能力去达到创新的目的，要么是很多企业受到政府引领和政策支持的诱惑，试探性地开展工业互联网业务，也有很多的企业存在新鲜感、体验性的渴望，总之，变革和创新、政策和引领不是主流市场行为，都是属于早期的市场行为。

而真正的主流市场则是另一番评价标准和决策体系，主流的工业互联网市场中，企业各类决策者非常务实，在决定一个工业互联网类项目开展的过程中，主要的决策依据包含了很多方面，例如企业的品牌度、行业的影响力、产品的应用案例、产品的技术能力，以及其他附加服务等，其中，对于企业的品牌度方面要求的不一定是工业互联网赛道的品牌度，有可能客户重点关注的是工业软件、工业自动化等，对于产品技术能力可能关注的不是工业互联网自己的体系，极有可能是关注工业软件等相关体系，对于案例的要求可能更多，这种种要求对于工业互联网类企业的要求和早期市场完全不一致，客户没有了之前的新鲜度，取而代之的是实际的、客观的认知，本质上，工业互联网企业在整个工业数字化体系中并不是非常耀眼，我们在一个非常细分的赛道，整个工业互联网也仅仅是几年的时间，即使在工业互联网自己的赛道很耀眼的企业，比如一些双跨平台，在面对主流市场挑剔的眼光的时候，都会有一些恐惧和退缩，更何况其他一些小的工业互联网厂商。

因此，如何跨越早期市场，走向主流市场的广阔天地，是摆在每个工业互联网企业面前的命题，下面几个策略可以作为一些探索，也许是工业互联网走深务实的有效路径。

锚定细分市场

对于工业互联网企业来说，并不是什么行业都应该涉足的，目前有些工业互联网企业，尤其是双跨企业，动辄就说自己做了几十个行业，赋能了很多用户，其实，我认为对于一个初创行业和初创企业，不宜做的行业过多，而应该是在不涉及过多行业的情况下，每个行业做深做透，也就是说，评价一个好的工业互联网企业的一个指标是，哪怕只做了几个行业，但是每个行业都做了几十个用户，这样才是真正的有效行业应用。

工业互联网企业涉及的行业不要多，而要专注某个细分的，尤其是空白的细分市场，找到这个行业的龙头企业客户（隐形冠军、单项冠军等），在为企业服务的同时，形成对这个行业认知，深入了解这个行业的 know-how，然后形成独有的解决方案体系，这样工业互联网企业就可以在这个行业内快速复制模式，构建出在这个行业的业务壁垒，形成匹配主流市场能力，进而可以快速进入主流市场。

创造竞争，高维打击

对于整个数字化转型服务类企业来说，工业互联网企业算是新生事物，它们很有可能会以一种创新的角度去评判你的产品和方案，这就会带来一些影响，如果对于早期市场倒是问题不大，因为早期市场中大多是变革者，追求创新，工业互联网的一些新鲜特质是加分项，但是对于主流市场来说，它们有可能觉得工业互联网企业宣传的东西并不是他们的诉求，他们希望供应商提供的产品符合它们的赛道共识，过多的创新带来的就是不稳定，不安全，项目实施起来的风险让它们望而却步。

因此，对于工业互联网企业来说，如果一直执着于工业互联网的赛道，执着于代表创新、变革的工业互联网体系，执着于新形象、新思维的模式探索，那么，主流市场可能不欢迎你，因为主流市场的评判体系不是这样的体系，工业互联网企业必须改变。

解决方法之一就是工业互联网企业需要创造竞争，其主要的含义就是工业互联网企业要和传统工业软件、工业自动化等已经被主流市场接纳的行业在一个赛道，创造和它们的竞争，只有这样才能让主流市场接纳。

创造和传统工业软件等行业的竞争有很多的好处，一方面，对于主流市场的用户来说，本身用户的评价体系就是传统的，他们了解工业软件的价值主张，不用再花成本和精力去说服用户，主流市场用户可以快速认知工业互联网企业的价值主张；另一方面，作为新生事物，工业互联网既可以和工业软件有一样的地方，也有超越工业软件的地方，例如解决了“孤岛”式的系统和信息割裂的问题，传统信息化做了这么多年，肯定有很多的痛点没有解决，工业互联网解决了传统的问题，肯定会让主流市场的企业眼前一亮。

既纳入传统工业软件的赛道，又有自己独有的优势和特点，创造竞争，拉齐起跑线，以一种高维打击的方式开展工业互联网的价值主张，这也许是工业互联网企业快速进入主流市场的一种措施和方法。

打造整体产品

工业互联网类产品体系绝不仅仅是平台。

虽然平台很重要，但是如果仅仅强调平台，会让大多数主流市场的用户不明所以。

在早期市场，很多的用户需求就是平台，你只需要将自己的核心产品部署完成，再做一些定制就貌似可以解决，用户也会对你大加赞赏，这就造成一种假象，好像工业互联网平台是普适性的，会解决企业的各类痛点，平台是企业数字化转型的核心。

可是，对于主流市场来说，平台也仅仅是平台，有可能工业互联网平台是企业众多需求中的一项，企业如果没有自动化，企业可能会补齐自动化，企业如果极度缺乏某类工业软件，就会非常重视工业软件，企业如果没有网络，有可能会马上去部署网络，甚至企业如果没有机器，也会马上买机器，这种种企业内部的诉求并不是一个小小的工业互联网产品可以满足的，工业互联网企业如果希望进入主流市场，就需要尽量满足这些主流市场用户的诉求。

其中一个比较有效的方法就是打造整体产品，基于工业互联网平台集成各类工业软件，再结合工业互联网类服务体系，统一将工业软件和自动化等能力纳入管理，总之，通过系统集成、平台集成的方式打造整体的解决方案和体系。

这个体系打造其实需要涉及很多方面，例如需要具备将工业软件转化为 App 的能力，需要能够接入各类 App 的平台，需要采集各类不同类型、来自不同协议设备的数据，具备让用户可以自己打造 App 的低代码开发平台等。

只有打造了满足主流市场企业的整体产品，主流市场才能接纳年轻充满朝气的工业互联网企业。

直销后打造分销渠道

对于工业互联网类业务，前期基本上都是在走直销的道路。

之所以开展直销模式，是因为对于任何一个新兴行业来说，没有什么比直接面对用户更直接有效的方式了，用户前期了解你的方式只有和你面对面，其他的方式都是不合适的，只有你才能够说清楚你的新体系、新架构和新技术。

对于工业互联网行业也一样，企业只有不断地去通过直销面对用户，才能前期让用户尽早了解你的产品体系和服务内容，通过不断地市场积累，慢慢地磨合自己的产品，打造自己的品牌，再融合各类其他的产品，才能顺利站稳脚跟，走向主流。

工业互联网企业逐渐在前期市场站稳脚跟后，就要向主流市场进发，可以说前期市场对于主流市场来说只是开胃菜，前期市场的市场规模和主流市场是不能比拟的，这也是为什么企业一定要去主流市场，因此，在主流市场如果还是沿用早期市场的策略和方法就不太合适，前期市场较小，一般的直销就可以满足，甚至针对小众的细分行业，基本的陌拜和地毯式的开发就可以满足营销需求，但是，对于像汪洋大海一样的主流市场，开拓市场就需要转变策略和方法。

针对广阔的主流市场，构建丰富的分销渠道体系尤为重要。

主流市场的行业众多，用户广泛，在很多的细分行业，有大量的有用户基础和服务能力的合作伙伴愿意开展合作去支持工业互联网类企业开拓市场，也有很多具备开拓市场能力的企业愿意成为代理商，工业互联网企业需要抓住这个机会展开合作，此外，有很多的企业本身生产各类工业软件和 App，他们对于平台底层的技术没有很深的理解，但是他们又对平台底层的技术非常渴望，因此，这类类似原始设备制造商（Original Equipment Manufacturer，OEM）的厂商也是工业互联网类企业中重点合作的对象。

总之，工业互联网类企业通过直销走过了早期市场的荒蛮，需要通过分销渠道的方式进入主流市场的广阔天地。

总结

任何早期事物的跃层都是伴随着困难和艰辛的，但同样收获巨大，当我们在看到很多的成功企业享受鲜花和美酒的同时，我们是不是应该深刻反思我们所在的行业应该如何跃层。

工业互联网如果向从早期市场跨越到主流市场，绝不仅仅是以上的方法

可以满足的，还需要更多的措施和方法，需要体系和架构支撑，需要政府、行业、各类专家学者、各类企业家的共同努力。

如果工业互联网能够进入主流市场，我想这不仅仅是对我们从业者来说意义重大，这还代表了整个行业成为真正的工业支柱行业，对于整个国家的工业体系的完善和工业整体的发展也同样意义重大，这代表了我们整个工业体系进入了转型升级的快车道，整个工业将迎来真正的崭新篇章！

第四章
实践案例

|京博石化智能工厂操作系统项目|

项目简介

1. 客户概况

山东京博石油化工有限公司（以下简称“京博石化”）现有员工 2500 余人，占地面积约为 2.67 平方千米，为山东京博控股集团有限公司子公司。

2. 行业地位

世界品牌实验室主办的“第十七届世界品牌大会”，京博石化荣登“2020 中国 500 最具价值品牌”榜单，品牌价值 298.79 亿元，位居第 220 位。京博石化曾获“第十八届全国质量奖”“绿色工厂”等荣誉称号。

京博石化是一家以石油化工为主业，集石油炼制与后续化工为一体的大型民营企业。京博石化以市场为中心，以安全、环保、质量管理为基础，致力于成为三位一体的石化价值方案服务商。京博石化的原油一次加工能力为 350 万吨 / 年，有一套 350 万吨 / 年常减压装置。其产品包含三大版块：高效能燃料、高端化工品、高性能材料，生产的车用汽油提前 6 年升级至国六标准，车用柴油提前两年完成国五标准升级，率先推出清净系列燃油，是山东省首家实施清净汽油标准的地炼企业。2013 年，京博石化推出京博石化商城，是山东省地炼企业中首家拥有电子商务平台的企业。2016 年，京博石化

25 万吨 / 年混合烷烃脱氢装置建成投产，是国内首套混合烷烃脱氢装置。

3. 项目价值

京博石化智能工厂操作系统项目通过“1 个工业操作系统 +*N* 个工业智能 App”的应用模式革新了石化行业智能工厂的建设方案，实现海量、多元工业大数据的融合集成和场景式大数据挖掘应用，满足工厂全生命周期的信息管理和持续优化的要求。

该项目基于 supOS 工业操作系统，集合京博石化的痛点与需求，在生产运营域、安全环保域、设备管理域、质量管理域、操作优化域、智能分析域、基础数据域、公共管理域构建系列工业 App 与工业模型。该项目通过集成不同协议、不同设备、不同软件系统，实现多源异构系统集成；通过大机组预测性维修、橡胶浓度、橡胶异形异色、橡胶塑封等工业大数据和机器视觉场景的运用，实现决策过程的智能化；在生产运营、安全环保、设备管理、质量管理、操作优化等领域从计划、实时监控到异常报警、指导操作，实现加工过程自动化；通过智能设备远程运维、“一码通用户”在移动端扫码查看产品溯源信息和问题反馈，实现用户服务主动化。

京博石化智能工厂操作系统项目基于 supOS 平台构建多个管理领域 App，实现异构系统集成、决策过程智能化、加工过程自动化、用户服务主动化，体现了石化行业智能工厂特征。

客户痛点

京博石化属于流程行业企业，在采购、生产、销售中涉及化工产品多次加工、经过多套装置、多个罐区的进出，生产工艺复杂，存在需求多变性和市场不确定性、多套异构系统并存、管理模块零散、行业经验无法沉淀、无法更好地提升用户体验等痛点。

① **需求多变性和市场不确定性。**在“产、供、销”环节，面对企业管理

和客户需求的多变、市场环境不确定，企业应当思考如何实现管理措施的灵活调整。

② **多套异构系统并存。**京博石化现有 30 多套异构系统。这些异构系统应用在设备层实时数据接入、视频数据、设备运行和资产管理、安全隐患、在线腐蚀、质量检测、罐区管理、能源管理、经营管理、集团内部管理等场景。设备层实时数据接入功能供应的厂家有中控 DCS、容知、霍尼韦尔、IEC104 电气系统、苏州金纬等，需要满足 OPC、IEC104 等多种驱动程序，视频数据需要满足大华、海康等品牌的视频系统接入。设备运行监控需要支持博华、容知、EAM 等厂家的产品。物料、设备等基础档案存在重复录入、标准多样化、数据冗余等问题。

③ **系统单元模块离散、无法实现管理闭环，并且行业知识无法沉淀。**京博石化外购与自研 30 多个系统，可以满足工厂生产、调度、检验等多个领域的部分需求，但没有统一规划和梳理，同时，没有在系统中沉淀成熟的管理流程和规范，知识是无法复用的。

④ **用户无法触达。**传统的电话模式无法与用户建立实时、动态、全方位的沟通体系。另外，在设备远程运维、用户问题反馈、用户档案维护上存在无法及时处理的问题。

项目建设方案

“平台 + 工业 App + 工业模型”的应用模式解决了传统的“烟囱式”垂直应用带来的“信息孤岛”和数据融合问题，为企业提供以工业大数据为核心的全生命周期服务。京博石化工业操作系统平台整体架构分为 3 层：边缘接入层、supOS 平台层、工业 App。

① **边缘接入层：**实现对分布式控制系统（DCS）数据采集，以及异构系统互联互通。

② **supOS 平台层：**提供信息全集成、人工智能、工业大数据分析、工

业物联的核心能力。

③ **工业 App**：基于 supOS 平台开发不同领域的场景化工业 App，在生产运营域、安全环保域、设备管理域、质量管理域、操作优化域、智能分析域、基础数据域、公共管理域构建系列工业 App 与工业模型。京博石化工业操作系统平台整体架构如图 4-1 所示。

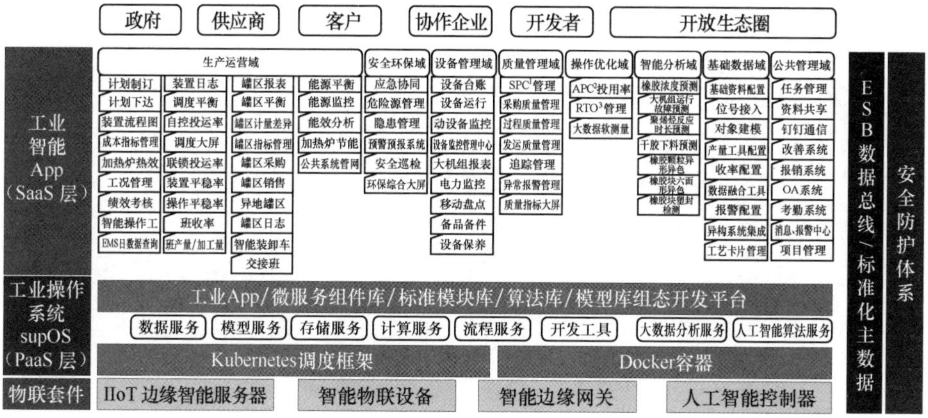

注：1. SPC（Statistical Process Control，统计过程控制）。

2. APC（Advanced Process Control，先进过程控制）。

3. RTO（Recovery Time Object，恢复时间目标）。

图 4-1　京博石化工业操作系统平台整体架构

该项目基于京博石化工业操作系统平台整体架构，构建“云、边、端”工业互联网平台技术路线图，实现针对供应链物流协同、多牌号产品生产、全厂生产调度优化、工业设备互联、异构系统集成、制造大数据分析等场景应用。

1. 生产运营域应用

以生产计划为核心，通过“生产计划—调度执行—车间操作—生产反馈”作为企业制造管理的基础业务过程，衔接企业综合计划部门、生产调度管理系统部门、车间运行部门各个岗位人员的工作目标执行情况，以企业、车间生产绩效为核心，建立企业级、车间级的定性定量绩效指标，并落实到实际生产过程中的设备、能耗、质量、库存、产量、收率、工艺达标、损耗、排放等环节上，有效核算出企业及车间的单元加工成本，搭建起管理精细化工具平台。管理精细化工具平台如图 4-2 所示。

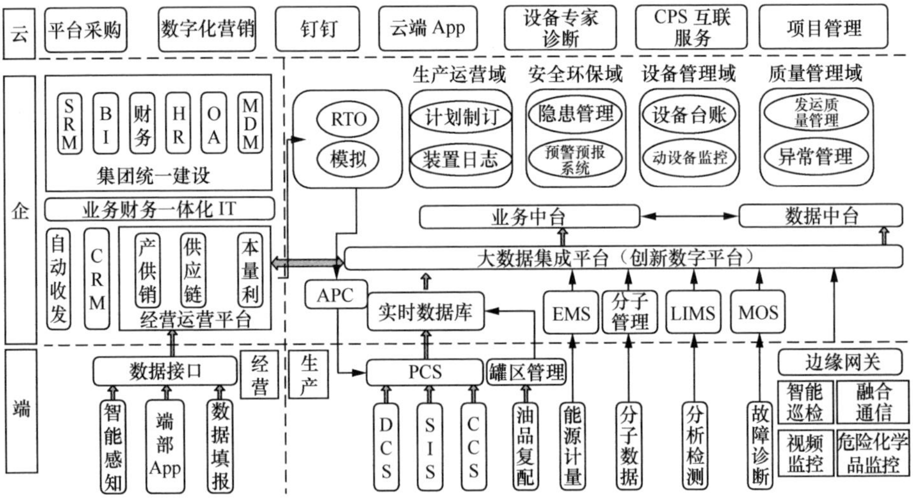

图 4-2 管理精细化工具平台

2. 安全环保域

围绕安全本质化、环保合规化的目标，搭建安全管理系统，在生产安全方面，实现装置安全绩效评价、人员安全绩效评价、误操作监测，实现工厂的全息监控和危险区域的异常报警。安全管理系统将整个厂区的日常监测、实时监控、预防预警和突发事件下的应急响应、辅助决策、指挥调度等集成到统一平台上进行综合管控。

3. 设备管理域

运用大数据等技术实现设备综合管理及预知维修目标，实现设备互联互通和智能化管理，基于各类数据的汇集和联通，通过专家知识、规则库和大数据分析模型，实现数据驱动的设备维护策略优化。通过设备健康状态监测管理平台的建设运营，基于数据分析获取高效的业务洞察，实现设备早期故障智能诊断，寻求故障维修、定期维护、预测性维护及前瞻性维护之间的最佳组合，实现最优的运营和维护成本服务于设备长周期可靠运行的目标。

4. 质量管理域

围绕质量全流程管理目标，依托实验室信息管理系统（Laboratory Information Management System，LIMS）、制造执行系统（Manufacturing Execution System，MES）等信息化系统，整合化验、工艺等质量数据，实现大数据联动整合分析；建设SPC分析平台，识别质量关键控制点，数据共享分析，实现过程能力指数测量分析改进；应用过程在线分析仪，实现装置质量指标实时分析，提高装置产品预判能力。石化产品全过程质量管控能力包括石化产品从原料入厂、过程加工到产品出厂整个流程的质量管控能力。

5. 操作优化域

将企业工艺规程及实际操作步骤进行有效结合，积累在装置设备操作过程中的“优劣”数据快照，并与工艺运行记录进行比对，形成工艺分析报告归档，建立起企业自身的操作历史数据库，为事后工艺分析提供数据及场景支持，也为日后操作工再次遇到类似场景提供经验数据。

6. 智能分析域

利用机器视觉、大数据分析技术，实现工厂人员操作安全监控、橡胶浓度预测、大机组运行故障预测、聚烯烃反应时长预测、橡胶颗粒异形异色、橡胶块六面异形异色和橡胶块塑封检测。

7. 基础数据域和公共管理域

基础数据域和公共管理域项目实现基础数据体系模块化、功能化，涉及项目管控、办公自动化（OA）、钉钉等系统，在办公及管理领域，“业务流程管理（Business Process Management，BPM）+ 钉钉”的应用，促进扁平化高效交互。基础数据域的基本情况见表 4-1。

表4-1 基础数据域的基本情况

序号	业务域	App 名称	主要功能	解决的问题
1	生产运营域	成本指标管理系统	通过抽取提炼，将生产过程中的加工量、收率、成本、达产率、产能利用率、绩效考核、计划追赶值等指标进行定时统计，并将计算结果以可视化的形式直观展示	① 将成本部管理人员从数据核对的具体事务中抽离出来，集中更多精力制订计划，确定目标、方法，以寻求更为有效的降本增效的措施，数据核对效率从每天 4 小时升至每天半小时 ② 通过实时展示成本的绩效考核及加工量与成本的追赶值，督促车间降本增产
2	生产运营域	位号报警 / 消息管理中心	针对位号报警，实现“一站式”报警配置，展现千人千面的报警： ① 通过对报警信息进行简单配置与维护，可将报警信息推送给指定用户（包含操作系统用户、钉钉个人用户、钉钉群） ② 接收人接收到实时报警时可进行确认并填写原因反馈 ③ 可根据不同的条件对历史报警信息进行统计分析	位号异常第一时间推送给对应负责人员，提升业务敏捷响应能力
3	生产运营域	数据融合计算工具	主要解决四大问题：多数据源计算并定时存储到自定义数据表或属性；单数据模板数据回溯与重新计算；对多数据模板多日期区间进行重新计算；可结合具体应用场景进行单日期多模板的重新计算	为工厂多样化数据的计算存储提供工具支持：目前已成功应用于成本、绩效考核等模块
4	生产运营域	全厂计量统计	累计流量计求差，取时 / 班 / 日的差值及临界点值存储到数据表及实时位号；基于当班值计算收率、能耗等生产指标；基于统计数据应用到车间班报 / 日报、调度日志等	打通车间与智能工厂的信息流，为车间班报、车间日报、调度日志及生产大屏等提供数据支撑
5	生产运营域	收率、达成率计算工具	与产量统计工具配合使用，对投入、产出数据做进一步深加工处理，基于流量计求差值统计收率、能耗、成本等指标	可视化收率、达成率、成本等关键指标配置计算工具

续表

序号	业务域	App 名称	主要功能	解决的问题
6	生产运营域	熔喷布扫码 App	分为 DCS 上送数据、生成生产批次记录、补填卷重和产品名称、打印产品标签、扫码查看质量信息	实现生产下卷自动生成生产批次，补填重量后，自动提交检验单；打印产品标签和小票；查看 LIMS 质量信息
7	生产运营域	智能装卸车 App	智能装卸车平台集中展示了石化收发车间员工关注的鹤位启停状态、储罐状态、电力能耗、车辆管理、流量计差异数量、工作任务安排等内容，让员工清楚了解装卸车状况	集成多套系统数据，让整个装卸车状况清晰地呈现在员工面前，分析装卸车效率，查看能耗状况，从而优化装卸车的操作行为
8	生产运营域	罐区综合管理 App	将各个罐区相关数据汇总到平台，便于观察各个对应的相关数据，显示罐区罐容、罐区业务等每日最新各个罐区相关具体数据情况，导入导出 Excel 功能可以实时更新最新罐区相关数据到数据库中	集成多套系统数据，让整个罐区相关情况清晰明了，分析每个罐号等对应的相关数据情况
9	生产运营域	装置流程图	全面覆盖 OPC、Modbus、KNX/EIB、Onvif、28181、RS485、IEC104 等行业常用协议和接口驱动，接入上述系统的数据，集成位号点数 20 万以上，从而完整采集生产过程的数据，支持企业对连续生产和物料处理的全程跟踪，帮助企业快速诊断问题、处理问题，确保产品和生产过程的安全可靠	将多套系统的数据集中在 supOS 平台上分析展示
10	生产运营域	智能操作工平台 App	统一管理生产过程中的各种安全、环保、质量、设备、成本、操作运行方面的各类信息，对异常情况做出反馈回复。将操作工日常涉及需要监控的（例如，EMS、LIMS、DCS 设备监测等）系统数据统一汇集呈现在操作工平台上，不需要切换查看，操作工可以在一个平台上完成操作任务	车间装置操作工避免需要同时监控多套系统的繁杂任务，从而更好地把控生产全过程

续表

序号	业务域	App 名称	主要功能	解决的问题
11	生产运营域	加热炉热效率	具有典型的系统报表功能，通过采集 DCS 系统点位数据，通过报表灵活的时间维度来分析小时、天、月的热效率	是第一个用户自己设计和实现的 App 功能；通过报表减轻了用户的日常统计工作，使加热炉热效率在用户面前更清晰、精确地呈现
12	生产运营域	生产调度大屏	装置流程图中展示装置实时报警信息，查看装置重要参数，如果有报警则会有提示；同时对于重要工艺参数，大屏会全部展示	直观展示报警信息，实时查看报警位号
13	设备管理域	移动盘点	三大功能点：使用 RFID 查看当前任务设备；查看历史任务信息；对盘点信息进行简单的统计分析	① 从人工盘点转为自动盘点，减少盘点耗用的人力，增加盘点效率：由 2 人×15 天升至 1 人×3 天 ② 盘点完成后可自动分析形成盘亏报告，减少人员分析核对的工作量
14	设备管理域	动设备监测	集成动设备综合信息检测、动设备报警、动设备运行、动设备故障管理等业务；取动设备检测系统、EAM 系统数据，自动生成实时的统计分析结果	综合管理平台集成动设备管理业务，取代之前各司其职的分散管理模式
15	设备管理域	设备健康管理 App	将设备管理部门关注的 EAM 设备管理系统中的设备基础信息，设备在线监测系统中动静设备的监测参数、电力监控状况，设备视频监控等多套系统集中在设备健康管理大屏上	在一张大屏上，设备管理部门的员工对全厂设备健康状况一目了然
16	质量管理域	SPC 质量管理 App	集成 LIMS 检测结果数据，对不同车间不同装置下的不同产品进行相应的分析展示。方便用户从图表中查看异常数据，以及从数据趋势中预测异常发生的可能性	通过分析 LIMS 系统数据，在数据发生异常后，用户能够快速采取相应的改进措施，提高各个车间在过程当中对装置的控制水平
17	操作优化域	联锁投运率	设定装置回路的取值逻辑，通过设备运行各项参数，自动生成回路的实时投运率、历史投运率；取实时位号数据，自动生成实时统计分析数据	实现联锁投运率实时监控从无到有，即时反映当前工厂的生产情况，合理分析历史数据，为工厂的持续优化提供了有力工具

续表

序号	业务域	App 名称	主要功能	解决的问题
18	操作优化域	装置平稳率	设定装置设备合格的上限，通过设备运行各项参数，自动生成装置的实时平稳率、历史平稳率；取实时位号数据，自动生成实时的统计分析结果	实现平稳率实时监控从无到有，即时反映当前工厂的生产情况，合理分析历史数据，给工厂的持续优化提供了有力工具
19	公共管理域	绩效管理 App	绩效展示分析、指标数据配置清洗；接入流量计、ERP、EMS、LIMS 等各类异构系统，通过数据融合计算工具，进行绩效指标自定义配置，形成指标数据库	大幅减少绩效考核工作量，并避免人为的取数计算导致的考核结果不精确，提高绩效考核的准确性
20	公共管理域	项目进度管理	项目任务总结填报、项目进度自动跟催（移动提醒）、项目进度总览、项目文档管理；集成钉钉通知功能，将填报、查询、展示、钻取功能融为一体	统一项目推进规范，管控项目进度，留存项目文档，保障项目按期、按质完成工作
21	公共管理域	项目管理 App	需求申请、任务分配、项目进度监控、人员出勤、项目附件等	提高需求方与 IT 的协同效率；提高项目管理与执行人员的协同效率
22	安全环保域	安全生产预警预报系统 App	总结和提取安全生产过程中的各种风险因数，构建包含事件管理、隐患管理、工艺平稳率、重点设备运行、工艺报警、现场报警、作业安全和安全领导力 8 个一级指标以及近 30 个二级指标的安全指标模型。根据不同的风险权重，从公司和车间两个维度为每个指标赋予不同的扣分系数，经过复杂的计算提炼，从而形成可视化、可对比、可执行、可预警的安全生产管理体系	① 帮助安全职能部门更加快速地发现风险、控制风险，把隐患消除在萌芽状态，提升安全管理效率。例如，自安全预警预报系统上线试运行以来，安全指标从上线之初的 -1500，提升并稳定在 70 以上；逾期未处理隐患从上线之初的 140 个左右，下降并稳定在个位数 ② 通过安全报警机制，及时提醒并监督用户处理风险，提高风险处理效率。例如，隐患平均处理时间从上线之初的 4.6 天，降低至 3.8 天

续表

序号	业务域	App 名称	主要功能	解决的问题
23	智能分析域	C50001 轴振异常预测性报警 App	针对设备 4 个振动位号提供位号报警服务	实现预测性报警
24	智能分析域	橡胶块无塑封检测 App	实现橡胶块成品无塑封情况的快速检测与报警	产生报警和图像数据展示

客户收益

本项目的实施和成功应用实现了企业侧工业大数据集成平台的构建，完成工厂全生命周期的数据、操作和信息的采集和应用，灵活应对需求多变性和市场不确定性，集成异构系统，达到决策过程智能化、加工过程自动化、用户服务主动化的目的，预计企业生产效率可提高 15%，运营成本降低 8%。

在应对需求多变性和市场不确定性方面，有效积累工业数据接入协议驱动、工业数据预处理方法、工业数据存储 / 统计 / 查询 / 分析方法、对象化建模、设备机理建模、工业大数据算法、工业人工智能算法等。积累的工业 App 可以分为两类：一类是共性 App，例如工厂模型、排班管理、通知管理、组织架构等，可以面向其他行业的工业企业进行推广和应用；另一类是面向石化行业的 App，例如罐区管理、油品调和管理、收发油管理等，可以面向石化行业企业进行推广和应用。

在集成异构系统方面，构建企业大数据分析平台，实现工厂全信息采集和融合，完成控制系统和原有信息系统的集成，消除工厂内部的“信息孤岛”问题。

在决策过程智能化方面，机器视觉和图像分析等人工智能技术的应用，实现大机组预测性维修、橡胶浓度、橡胶异形异色、塑封智能视觉识别等现场应用。

在加工过程自动化方面，利用生产过程优化手段，大幅降低生产过程的波动情况，设备的综合利用率提升 10% 以上；帮助企业实现精细化管理，对装置进行成本核算和利润考核，装置本量利的统计周期从 10 天缩短为 8 小时；实现事故源头管理，安全隐患和事故的预知，有效降低作业事故，减少人员伤亡和经济损失。

在用户服务主动化方面，以用户需求为核心，将生产批次卷号作为产品唯一的识别码，关联计划、生产批次、质量检测等信息，实现产品溯源；用户通过扫装箱单和产品标签上的二维码，可以查看产品生产、质量等信息，实现产品信息可视化、透明化，同时移动端产品反馈功能可收集用户使用反馈、定制化需求，极大提升用户满意度。在设备远程维修方面，厂家服务参与度和维修效率也大大提高了。

芜湖海螺水泥有限公司数据中台项目

项目简介

1. 客户概况

安徽海螺水泥股份有限公司（以下简称“海螺集团”）成立于1997年9月1日，1997年10月21日在香港挂牌上市。海螺集团主要从事水泥及商品熟料的生产和销售。

本数据中台项目建设的对象为海螺集团旗下子公司芜湖海螺水泥有限公司（以下简称“芜湖海螺”），芜湖海螺成立于2004年9月，是海螺集团规划建设的沿江四大千万吨级水泥熟料基地之一。

2. 行业地位

芜湖海螺的总投资额约为30亿元，建设4条日产5000吨、2条日产12000吨的水泥熟料生产线，拥有4台Φ4.2×14.5水泥磨机，公司具有年产1500万吨熟料、320万吨水泥及6亿千瓦时发电能力，配套建设9.8千米的皮带长廊及7个泊位、年吞吐量达1840万吨的专用码头。

3. 项目价值

芜湖海螺数据中台项目实现生产大数据平台的建设、supOS与工业App

应用、工业智能场景应用、设备全生命周期管理、多分辨率建模技术和工作流技术应用，更好地提升芜湖海螺在生产管控、设备运行维护、工艺方案优化和产品质量控制方面的精细化管理，以及量化成本考核和安全作业监管，从而实现工业数据的统一集成、分级治理、元数据标准化和过程数据之间的互联互通。

客户痛点

水泥生产制造流程涉及工艺控制、设备维护、质量监测、物料流转存放、能源消耗、安环保障等不同的业务环节，相关数据形式多样；同时水泥生产过程工况复杂，具有多层管理、多种生产要素、多种业务活动、多样合作形式，不同业务间相互影响，导致资源建模和业务建模形式呈现多样化趋势，常规数据分析方法无法满足生产管理需求。

① **多信息化系统之间信息共享率低。**现阶段芜湖海螺有 11 套系统，系统之间共享率较低，导致使用人员往往要打开多套系统才能全面了解公司的生产经营情况。

② **备件管控成本高。**企业采购与备品备件储备管控手段较为落后，经常造成过多的备品备件储备积压，不但增加了企业产品成本，而且增加了人工管理费用。有时候备品备件储备过少，设备停机风险就会增大。

③ **安全作业风险大。**芜湖海螺的熟料生产线经常出现悬浮预热器下料口（溜管）堵塞的现象，必须及时止料、停窑进行人工清堵作业，在安全清堵方面难度大、风险高、周期长，这是水泥行业目前典型的生产问题。

项目建设方案

本项目为芜湖海螺搭建生产全要素、全域数据平台，形成综合性工业数据湖，搭建标准化数据统计模型，规范数据分类自动化流程，最终形成标准化的自主研发生产管理、能源管理、设备管理、质量管理、线上领用、库存盘点等 App，深度挖掘并分析生产过程的数据和业务过程的数据，通过多种图形化展示手段，为管理者提供快捷、高效的管理依据。数据平台通过计算机视觉技术和大数据技术，全面实现企业多方位、多角度的智能生产辅助，从点到线、从线到面，自动监控生产设备运行状态，发现异常及时上报，从而达到节能减排、降本增效、精细生产的目标。数据平台架构如图 4-3 所示。

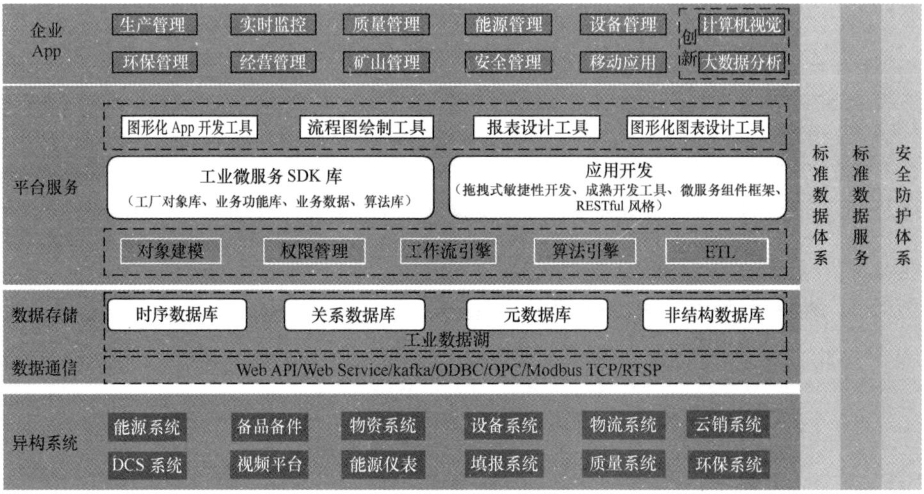

图 4-3　数据平台架构

数据平台整体架构具体如下所述。

① **边缘接入层：**实现对控制系统 DCS 数据采集，以及与既有信息系统 ERP，能源管理、备品备件、能源系统、云销系统、物流系统、物资系统等互联互通。

② **supOS 平台层：**提供信息全集成、人工智能、工业大数据分析、工厂三维建模、工业物联的核心能力。

③ **工业 App：**基于 supOS 平台开发不同领域的场景化工业 App，实现生产管理信息化。

不同类型的工业 App 见表 4-2。

表4-2　不同类型的工业App

序号	业务域	App 名称	主要功能	解决的问题
1	设备类	设备台账App	汇集设备全生命周期状况，分析、研究设备在使用期间的状况，探索磨损规律和检修规律，提高设备管理水平	设备台账从纸质化转为电子化，方便查询和追溯设备维保过程
2	设备类	工单管理App	管理设备的隐患问题及工单的执行信息是这个设备管理的核心功能，是预防性维护、计划性维护、突发性维护等闭环操作的最后一步。工单管理包括派单环节、接单环节、执行环节、验收环节	通过移动端实现线上工单的下达、执行，提高企业人员的设备管理水平
3	设备类	开停机管理App	通过 supOS 采集开关信号或者手工录入的方式，利用系统计算自动形成设备累计运行时长、停机时长、停机原因及各自开停机统计分析	通过实时监听设备开关量来自动判断设备停机时长，及时提醒企业用户，以此提高设备的运转率
4	物资类	备件领用App	同步芜湖海螺备件系统的备品备件主数据，实现工单中的备品备件线上领用，并将备品备件出入库信息实时写入芜湖海螺的备件系统中，实现系统间数据联动	打通设备管理系统和备品备件系统，解决异构系统之间数据不同步，提高备品备件成本核算的时效性和准确性
5	设备类	维修计划App	通过日常的点巡检发现的隐患或者手工录入的隐患单，以及润滑、维保、备件更换时根据实际需要判定需要大修时才能维修的，这些待分配的任务组成的大修计划	沉淀设备日常维修过程及企业设备维护人员的经验和技术，通过电子化手段形成维修计划，规范设备管理，减少设备生产过程中的异常情况
6	设备类	设备隐患App	隐患单是指将某些有损坏的设备通过隐患录入形成隐患记录，在通过审批生效的环节将设备隐患问题生成工单，派发给维修人员进行维修。隐患单来源分为润滑、维保、零部件更换、巡检、其他；维修类型包括日常、大修、检修	隐患自动归类、统计、推送，提高企业管理人员对设备隐患的关注度，规避生产风险
7	安全作业类	停送电 App	根据停送电操作流程，利用移动端对设备停送电操作记录，规范停送电操作步骤，防止操作人员误操作	改善线下人员人工停送电混乱的局面，采用电子蓝牙锁，科学合理地指导用户进行停送电操作

续表

序号	业务域	App 名称	主要功能	解决的问题
8	安全管理类	安全管理 App	将安全管理落实到实际业务工作中，通过电子化流程实现安全管理现场关联工作信息的自动获取、安全培训、操作工作的可视化及快捷移动审核	安全管理过程电子化，提高了生产操作人员的安全意识和管理人员的安全管理水平
9	物资类	物资领用 App	根据工厂的实际业务流程，利用移动端实现线上物资领料，并将物资出入库信息实时写入芜湖海螺的物资系统中，实现系统间数据联动	通过移动端进行线上领料，提高用户操作的便捷性及数据的时效性和准确性
10	物流类	煤船入港 App	对原煤船舶进厂进行登记，并与船舶调度 App 进行数据联动，保证原煤船舶进厂后，船舶调度中心能实时获取船舶信息，合理安排原煤卸载	通过移动端及时获取船舶信息，防止煤船卸载后的原煤量与采购单不符
11	库存类	库存测量 App	利用移动端对水泥库进行测量操作，实现水泥库存的定期盘点，为水泥厂日平衡提供数据支撑	杜绝纸质的量库登记，通过移动端登记，为统计人员做物料平衡提供数据支持
12	质量类	质量 App	实现移动端对质检数据的录入，并根据计算公式自动算出分析结果。实现了采样编号关联订单号，根据订单号可追溯到船舶，完成船舶装卸物料的质量追溯	通过移动端替代纸质登记质检数据，便于后期质检数据的统计和分析
13	生产类	生产 App	实现原料切换、投入产出量自动统计、发货量自动统计等功能。减少人工干预，保准数据的正确性，提高操作人员的工作效率	全程通过皮带秤数据自动算出工序的投入产出量，减少操作人员和统计人员的工作量
14	物流类	船舶调度 App	实现移动端报港、离港操作、船舶调度、船舶装载量实时统计等功能。实现 DCS、云销系统、物流系统三方业务协同，数据联动	实现多方系统的数据协同操作，减少操作人员的核算工作量，保证各方数据可被追溯
15	移动类	移动端 App	通过移动端 App 实现员工的高效、移动办公，生产报表和生产看板移动端随时调取，报警分级及时推送给不同层级的人员，生产电子流实时在线批阅	提高企业各方人员获取数据的效率和便捷性

续表

序号	业务域	App 名称	主要功能	解决的问题
16	计算机视觉	人工智能（计算机视觉）	发挥人工智能平台机器视觉的能力，实现对输送带跑偏、泵房漏水异常情况实时预警，及时将预警推送到移动客户端	降低生产事故，增加企业操作人员的管理手段
17	大数据	预热器堵塞预警	通过对预分解窑煅烧过程中的生产数据实时采集、清洗、预处理及分析，利用机器学习算法和数据模型及时检查出生产过程中预热器系统可能存在的问题，有效提高回转窑的运转率	防止预热器堵料造成的停产

客户收益

系统上线后，主生产装置非计划停车次数显著减少，回转窑系统由 4 次 / 半年降低至不超过 3 次 / 半年，原料磨系统由 7 次 / 半年降低至不超过 2 次 / 半年，水泥磨系统由 7 次 / 半年降低至不超过 2 次 / 半年。

备件成本比立项时的指标值降低 10% 以上，12000 吨 / 天水泥生产线备件成本由现有的 2.80 元 / 吨水泥降低至不超过 2.24 元 / 吨水泥，5000 吨 / 天水泥生产线备件成本由现有的 2.60 元 / 吨水泥降低至不超过 2.08 元 / 吨水泥，每年增加经济效益超过 500 万元。

系统上线后，在 4 条 5000 吨 / 天和两条 12000 吨 / 天水泥生产线完成技术应用，节约标准煤约 6.4 万吨 / 年，减少碳排放约 4.3 万吨 / 年，每年节约能耗费用超过 1000 万元。

|广西华谊工业大数据平台项目|

项目简介

1. 客户概况

上海华谊（集团）公司（以下简称“上海华谊”）是国内大型化工企业集团，广西华谊能源化工有限公司（以下简称“广西华谊能化”）隶属于上海华谊。上海华谊计划用 3 ～5 年时间在广西钦州港经济技术开发区规划建设华谊钦州化工新材料一体化基地（以下简称“广西华谊”），总投资达 700 亿元，占地 5 平方千米，产值达 650 亿元。广西华谊涵盖煤化工、轻烃裂解、盐化工、石油化工下游四大产业链；立足新技术，发展高附加值产品，努力成为具有行业标杆的新材料基地。广西华谊能化工业气体岛项目是广西华谊的一期项目，以煤为原料，生产氢气、合成气、氮气等工业气体供广西华谊内部使用，生产甲醇、乙二醇、醋酸等化工产品，并延伸产业链，建设精细化工品和高性能材料。

2. 行业地位

上海华谊名列 2017 中国企业 500 强第 244 位、中国制造业 500 强第 110 位，上海企业 100 强第 26 位、上海制造业 50 强第 11 位，中国石油和化工企业 500 强第 17 位。上海华谊在中国化工上市公司百强企业排行榜中排名第 4 位。

3. 项目价值

广西华谊作为上海华谊异地新建生产基地，面临实现生产精细化管理的重大挑战，在内部自身发展需要及外部国家政策环境的双重因素推动下，广西华谊智能工厂规划项目应运而生。智能工厂的建设对于广西华谊来说有着非常现实的内生需求。甲醇、醋酸、乙二醇作为广西华谊最为核心的三大拳头产品，环保压力、国外同类企业及世界经济大环境等多重因素为企业经营与发展带来了一定的挑战。而智能工厂的规划建设必将帮助广西华谊夯实管理，练好“内功”，优化生产，实现降本增效的目标，实现健康快速的发展。

① 以工业操作系统作为数字化转型的平台核心，实现企业的数字化运营和管理，实现纵向和横向集成，为生产系统、营销系统、采购系统、财务系统等提供协同平台支撑。

② 通过数字化改造实现系统互联互通，实现数据流动、协同、互操作和共享，挖掘数据价值。

③ 核心平台的设计从区域角度覆盖集团、区域、工厂，从数据角度覆盖建设、运营、管理全视角。

④ 立足广西华谊现状，对质量管理与成本管理、多区域管理、资源的优化控制、财务管理等关键问题进行整体管控和优化提升。

⑤ 基于数据标准化，建立“企业数据平台”，逐步打造企业的数据中台和业务中台，实现数据驱动业务。

⑥ 上海华谊的业务专家和开发专家（工艺、设备、生产等业务管理人员以及 IT 人员）可以基于平台自主开发 App。

⑦ 采用一个平台运营和运维的思路，降低 IT 运营与运维成本。

⑧ 基于平台，结合新一代人工智能、大数据、云计算、物联网等技

术，实现广西华谊在工业智能、数字智能等方面的综合应用。

⑨ 应用移动互联网技术，实现企业经营管理人员和生产操作人员的移动办公与工作协同。

⑩ 重点解决4个“孤岛”的相关问题：治理体制不合理形成的“孤岛”、网络与平台体系欠缺形成的“孤岛”、标准不一形成的“孤岛”、工程分包模式形成的“孤岛”。

客户痛点

广西华谊智能工厂在开展规划项目之前，广西华谊已经具有SAP、MES、能源管理、仓储物流、设备管理、智能巡检、安全管理、质量管理等多套、多异构、多数据层的系统，但没有统一的系统集成平台和管理平台，并且如果没有统一管理各系统直接的接口往来、数据往来、业务往来，那么各系统只能按照自身方式进行串口连接。

① 现场同时运行十几个异构系统，对系统管理部门和企业的管理会造成无触角、无统一、人力投入分散等问题。

② 数据往来关系错综复杂，系统铺设开展后，数据管理没有统一性，数据没有治理方向，将使系统产生大量无人管理且冗余的数据，加重各系统性能的负荷。

③ 接口传递只有点对点的方式，系统接口多且难以管理，遇上接口问题只能一个个排查，寻找问题原因，这将会浪费大量的人力、时间和成本。

项目建设方案

广西华谊智能工厂规划项目采用“supOS平台+工业App”的模式来实现IT部门的一体化平台需求和各业务部门的App应用需求。通过supOS整合原生系统例如MES、能力管理系统、LIMS、设备管理系统、巡检系统、生产优化系统，以及异构系统例如SAP、仓储物流系统、OA、BPM、

AWAVA 等，使各系统的入口统一都从 supOS 平台发出，从中建立了门户管理 App、数据展示 App、隐患分析 App、数据中台 App、集成总线 App、集装箱台账 App、生产监控 App、登样管理 App、船舶调度 App、经纬物联 App 等多异构、多集成平台模式下的工业互联网平台——广西华谊 supOS。广西华谊 supOS 如图 4-4 所示。

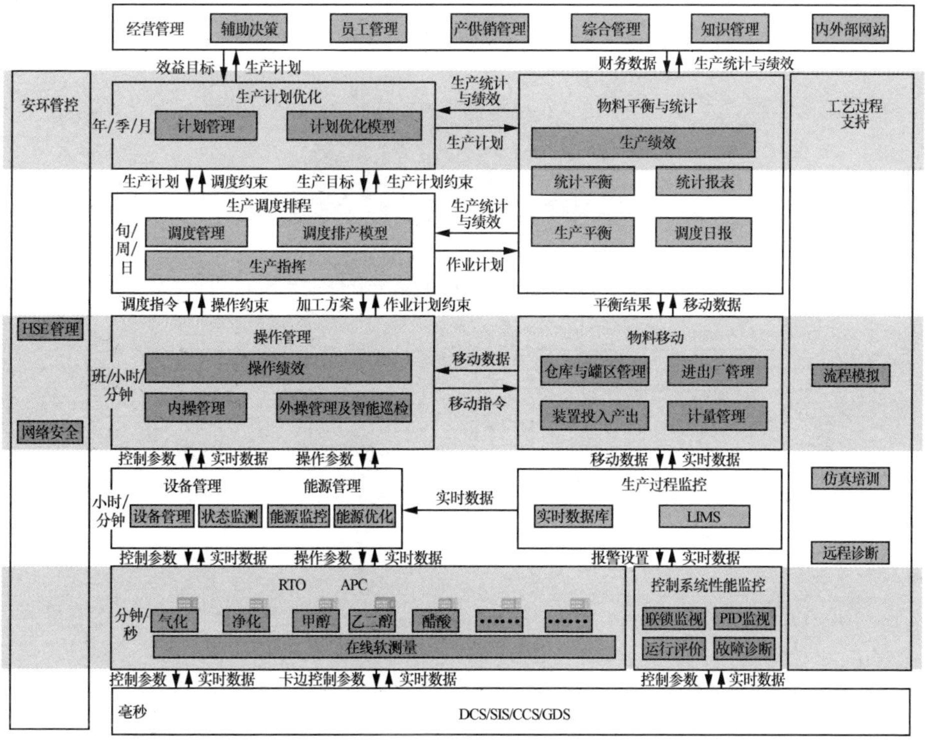

图 4-4 广西华谊 supOS

为了更好地实现企业在系统管控、数据管理、各个系统统一性等方面的管理，本项目同时结合数据集成总线、数据中台、门户建设、大数据等先进的集成技术，部署工业大数据集成平台 supOS，从而实现工业数据的统一集成。

本项目整合项目集成需求，分析项目各类系统，结合项目组系统经验及基于 supOS 集成架构和集成技术，规划集成内容、拟定集成接口、提供集成技术、完善最终的集成方案，为企业解决“信息孤岛”提供了可执行、可操作的方案，并且建立门户建设方案。工业大数据集成平台如图 4-5 所示。

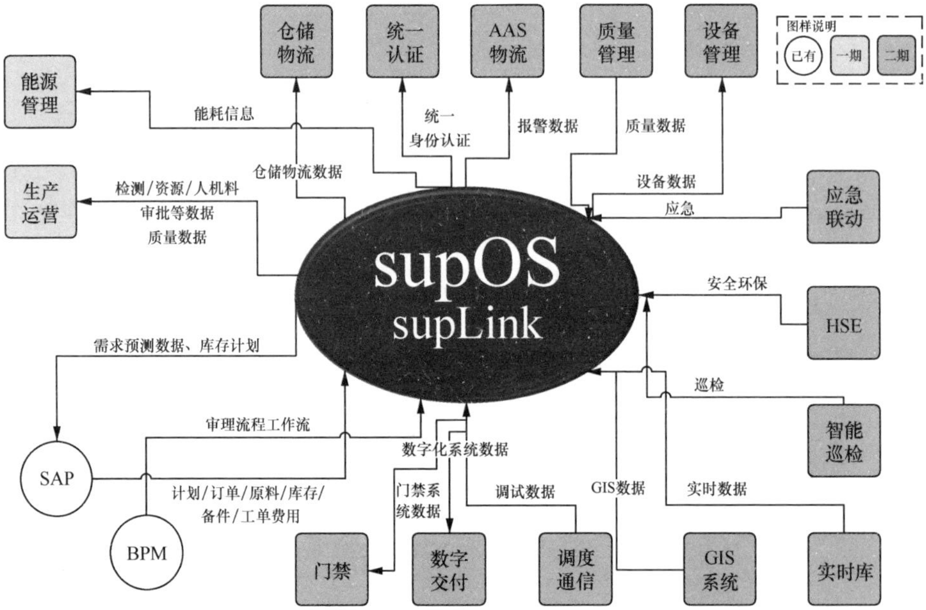

图 4-5　工业大数据集成平台

外部宏观环境、国家政策及上海华谊业务发展情况均对广西华谊的智能化发展提出了新要求。未来广西华谊要继续秉承以业务为驱动的方针，充分继承已有的信息化和智能化建设成果，在此基础上谋求新的发展。

通过前文对智能化建设环境、现状和不足、机遇和挑战的分析，广西华谊智能工厂建设重点解决了以下问题。

1. 提升业务感知水平

为提高对下属公司的管控力度，形成科学决策，通过信息化建设帮助集团获取下属公司业务的实际情况。而信息技术的高速发展对信息采集、处理和分析提供了多样化的技术和手段，结合新技术，提高了集团对各下属公司业务，尤其生产业务的感知，助力集中管控和集团决策。

2. 推动优化生产能力

关注价值效益，提高装置投资回报率；通过优化调度不同产品品类的生产计划，寻求企业市场效益的最大化；应用实时优化和先进控制等先进技术，充分挖掘生产装置的实际生产潜能，实现节能降耗和提质增效。

3. 助力业务协同合作

加强数据治理工作，提高数据可用性和可控性，并全面推进系统互联互通，搭建“基地—集团”两级数字化信息模型平台，为不同业务环节、不同产业提供业务协同时所需的各项信息。

除以上 3 点外，广西华谊智能工厂还加强了信息安全，为传统信息化领域和新兴技术涉及领域的信息安全提供了技术保障。

客户收益

通过对智能工厂整体建设过程中系统集成的设计与管理，建成以“安全、绿色、效益”为核心的国内一流的生产自动化、管理可视化、能耗最优化、运营智能化、监控诊断远程化的化工新材料一体化产业链智能工厂。

通过统一的平台进行全厂信息集成、对象化多元数据融合清洗处理、数据可视化挖掘、工业智能 App 组态式开发，平台具备工业大数据图形化分析技术、场景化人工智能应用等。

通过建立智能工厂门户，创建一个高质量、高效率、智能化、无地域限制的管理平台；一个集成基础信息于一体的综合展示平台；一个能够自定义配置，满足各级管理者差异化的查询需求的门户。

通过对生产过程数据的采集、存储、自定义数据分析和可视化、共享，企业可以实时掌握生产运行情况，实现生产过程信息实时监控，提高生产管理的效率和有效性，满足技术人员基于实时数据进行数据分析等深化应用，并且为企业上层管理系统提供生产过程数据支撑。

通过制造执行系统中生产计划、生产调度、物料管理、生产绩效、工艺管理、操作管理、三剂管理、变更管理等管理环节的数据数字化、精细化，生产决策可视化、智能化，推动企业降本增效，不断提升企业产业化水平。

通过建设覆盖企业能源供应、生产、输送、转换、消耗全过程的完整的能源管理系统，以降低能源消耗、提高能源使用效率为目标，实现企业能源管理业务数字化，节能效益最大化。

| 中铁四局合安铁路庐江数字轨道板场项目 |

项目简介

1. 客户概况

中铁四局合安铁路庐江数字轨道板场选址安徽省合肥市庐江县万山镇程桥村，轨道板场西侧靠近合肥至安庆铁路线路中心里程 DK82+900，占地约 180 亩（0.12 平方千米），主要承担新建合肥至安庆铁路站前工程Ⅰ-Ⅴ标 DK14+441.320-DK162+620.615 里程段 148 千米范围内的 50288 块 CRTS Ⅲ型无砟轨道板的预制及装车任务。预制板型包括 P5600 型轨道板 34524 块，P4925 型轨道板 13216 块，P4856 型轨道板 2476 块，P6730 型轨道板 72 块。

2. 行业地位

轨道板流水机组法生产线、信息化中心和固定台座法生产线，拥有国内先进的 3D 智能检测系统、轨道板翘曲控制核心技术。

3. 项目价值

中铁四局合安铁路庐江数字轨道板场项目对板场的生产过程的自动化水平进行摸底调研，对客户关心的台座张拉系统、水养过程、存板区喷淋养护、水养池废水处理等系统进行重点调研，提供自动系统改造方案，提高系统自控水平。

客户痛点

中铁四局合安铁路庐江数字轨道板场（一公司）负责生产的CRTSⅢ型无砟轨道是我国结合既有的无砟轨道技术，通过原始创新、集成创新和引进消化吸收再创新提出的最新轨道体系。为满足其严峻的生产任务，建设信息化管理平台，需要提升现有的生产水平。现有生产存在以下痛点。

① 各部门各环节使用的信息系统混杂，无法实现互联共通。

② 生产管理中的“信息孤岛”和“标准化”问题。

③ 无法远程实时监控生产状态。

项目建设方案

1. 多系统的多元数据接入

supOS 产品解决方案提供统一的远程数据接入终端（采集器软件），实现多元异构数据的接入和预处理。针对不同系统（例如 ERP、OA、MES、DCS、SCM、CRM、WMS、EAM、LIMS、SCADA等系统）的数据特性，采用统一的数据驱动框架和不同的接入驱动实现多元数据的清洗，并利用统一的数据协议进行数据上报，在 supOS 平台上通过对象化模型（例如设备、人员、物料和产品等）将多种来源的数据进行重组和应用。

2. 控制系统的实时数据接入

采集器软件提供多种工业标准数据协议接入能力，例如 OPC、Modbus TCP、Modbus RTU、IEC104 等，满足国内外主流厂家的 PLC、DCS、SCADA 等系统软件的实时数据接入。从实际应用要求对控制系统的实时数据进行特性分析，具有变化快、通信量大、数据及时性和完整性要求高等特点。因此，企业在进行数据采集和数据处理时，需要通过热备冗余、数据订阅、数据变化更新、断线重连和断线回补等技术手段来保证数据的实时性和可靠性。

3. 异构信息系统的集成接入

工厂中的生产信息系统（例如 MES、WMS、EAM、LIMS）和上层信息管理系统（例如 ERP、OA、SCM、CRM 等），在实际应用中数据的特征具有多样性：一部分管理数据与生产控制具有强相关性，具备较高的实时性和可靠性要求；另一部分管理数据主要服务于管理人员的统计分析和决策依据，对实时性的要求相对较低，只要及时按需提供即可。中控采集器软件提供多种接入方式和数据更新策略，具体如下。

① 针对实时性和可靠性要求高的数据，采集器可将数据标签与关系表中的数据字段或整张表格进行绑定，可秒级更新、同步数据。

② 针对部分实时性要求一般的数据，采集器可通过互联网服务接口实现不同异构系统的数据访问。

③ 针对部分需要定期访问的数据，采集器通过可配置的定期更新方式从异构系统抓取数据。

④ 采集器支持向异构系统推送数据的能力，可通过关系表、互联网服务接口、SDK 方式给第三方系统开放数据。

4. 流媒体数据的接入

采集器支持流媒体数据的接入能力，可实现大华、海康等厂家的音频、视频数据接入，包括常见的摄像头、录像机和流媒体等设备。工厂的流媒体数据具有流量大、带宽要求高等特点，在公共网络上的访问和应用限制较多。因此，在实际应用时，对流媒体数据需要进行优化和按需提供服务。

5. 弱电系统集成接入

采集器支持工厂中弱电系统的接入和集成，包括门禁系统、空调系统、广播系统、新风系统、配电系统、照明系统等。弱电系统的数据采集可实现对工厂办公区域和机房 IDC 的能耗统计和优化管理。

6. 流程图监控

同一平台集成企业多条产线，多套不同厂家、型号的控制系统，以及企业的智能电表、水表、气表等智能仪器，实现集中监控，不受地理位置的限制，并支持多级深入访问。此外，针对每个工段、重要装置、系统提供精细化的数据实时监控。

① 实时工艺参数采集，监控工艺参数的变化情况。

② 实时生产过程中产品质量数据采集，监控质量变化。

③ 实时环境数据采集，监控环境变化。

④ 实时安全指标采集，监控生产安全情况。

⑤ 实时 / 历史数据分析，查找原因，持续改进，逐步实现精益生产。

⑥ 实时预警，防患于未然，使问题早发现、早解决，实现事前控制。

建设效果展示

1. 板场生产信息 App

板场生产信息 App 部分应用如图 4-6 所示。

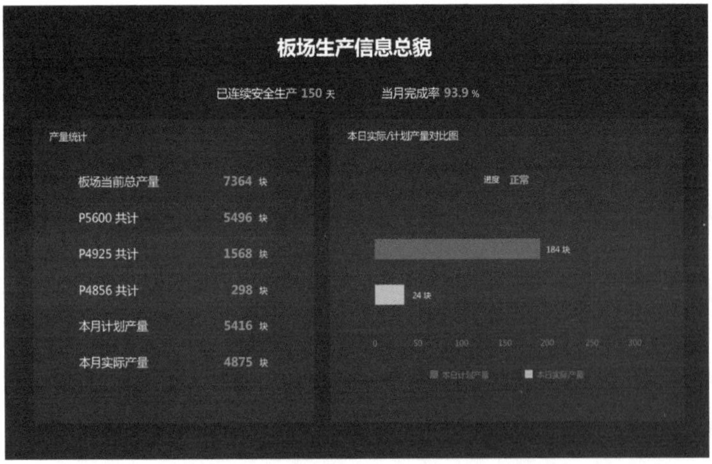

图 4-6　板场生产信息 App 部分应用

2. 板场报警管理 App

板场报警管理 App 部分应用如图 4-7 所示。

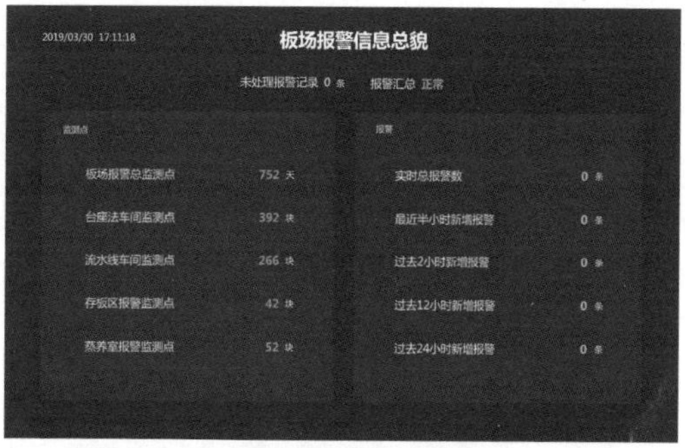

图 4-7　板场报警管理 App 部分应用

3. 轨道板养护监控 App

轨道板养护监控 App 部分应用如图 4-8 所示。

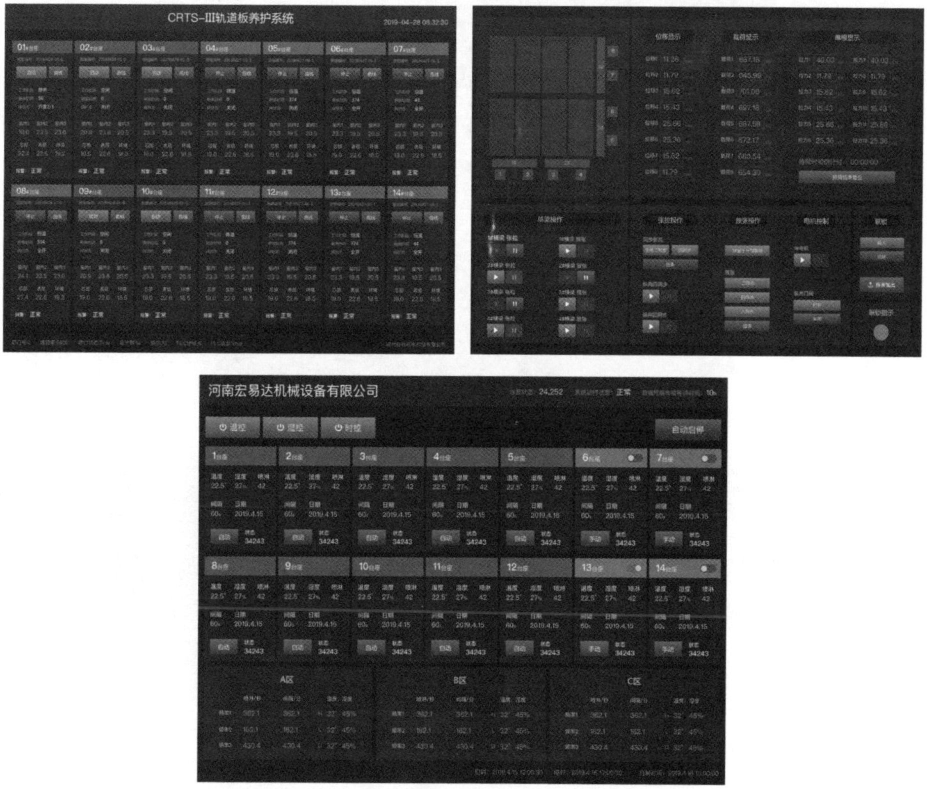

图 4-8　轨道板养护监控 App 部分应用

4. 流水线监控 App

流水线监控 App 部分应用如图 4-9 所示。

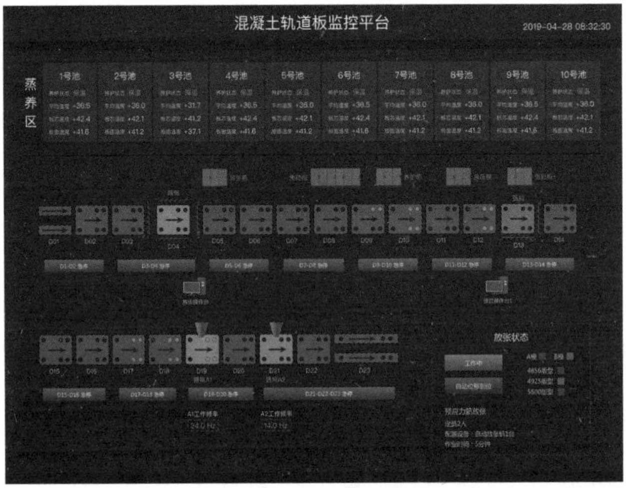

图 4-9　流水线监控 App 部分应用

5. 自动放张 App

自动放张 App 部分应用如图 4-10 所示。

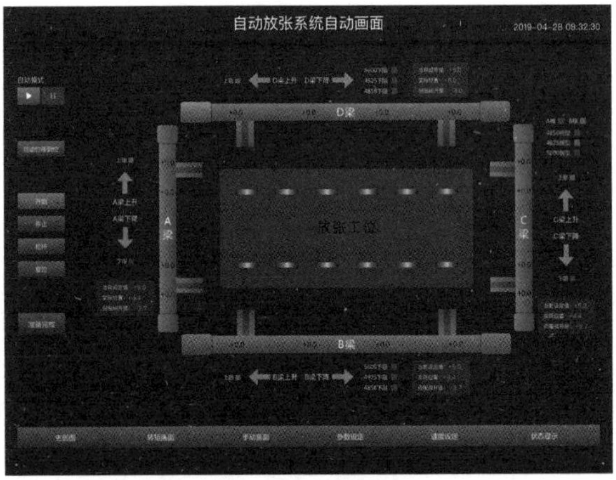

图 4-10　自动放张 App 部分应用

客户收益

系统上线后，庐江数字轨道板场自使用以来，supOS 帮助该项目实现精细化生产管理，生产效率提高了10%，产品优良率提升了30%。该项目成为全国为数不多的集流水机组法生产线与固定台座法生产线于一体的智能 CRTS Ⅲ型轨道板场信息化平台。

一枝梅化工数字智能提升项目

项目简介

1. 客户概况

安庆一枝梅化工有限责任公司（原国营安庆香皂厂、安庆一枝梅日化有限公司、安庆市一枝梅油化有限公司，以下简称“公司”）位于长三角经济带、长江之滨的“黄梅戏之乡”安徽省安庆市，始建于1958年，2005年公司成功改制为股份制有限公司。现公司占地6.67万平方米，其中，建筑面积4万平方米，工厂交通便利，“铁、公、机、港”一应俱全，物流四通八达，使企业的发展具备了得天独厚的地理条件。公司现有员工150余人，其中，工程技术人员42人。公司的年总生产能力6万余吨，生产总值达2亿元。

2. 行业地位

该公司系国内外颇具盛名的专业制皂企业，多年来，公司已经发展了以“一枝梅”和“丹雨”著名商标、品牌为核心的，拥有皂类、甘油、硬脂酸、“84”消毒液、液体洗涤剂、化妆品六大类产品，110多个品种的综合性日化企业，形成功能各异、形式多样的产品体系。

3. 项目价值

本项目通过“1个工业操作系统+N个工业智能App”的应用模式革新日化行业智能工厂的建设方案，实现海量、多元工业大数据的融合集成和场景式大数据挖掘应用，满足工厂全生命周期的信息管理和持续优化的要求。

基于supOS工业操作系统，集合一枝梅化工的痛点与需求，在生产运营域、设备管理域、智能分析域、生产过程执行域构建一系列工业智能App与工业模型。通过集成不同协议、不同设备、不同软件系统，实现多源异构系统集成。

在生产运营域、智能分析域、生产过程执行域，从计划、实时监控到异常报警、指导操作，打通链路，实现运营数字化；通过以“有线4G+无线5G”的双通信模式部署车间网络，实现无线和有线网络的实时按需切换，同时对瓶体编码打印（喷涂）设备上拍摄的照片进行识别分析等工业机器视觉场景的运用，实现产品数字化；通过流程化执行的生产执行过程系统和实时数据采集、报警等功能，减少人工操作，提升人工技能，实现员工数字化。

该项目基于supOS构建了多个管理领域App，实现异构系统集成、运营数字化、产品数字化、员工数字化，充分体现了日化行业数字化车间的特征。

客户痛点

公司从成立至今，除了初步的财务信息化软件，其他产、供、销的各个环节还是完全依赖于线下手工管理+自动化产线的模式，未能实现车间自动化与信息化的融合，离数字化车间还有较远的距离。随着企业发展、内外部环境的变化，该管理方式也逐渐出现了一些问题，制约了企业内部管理、决策质量、效率的提升，主要痛点如下。

① 异构系统集成。存在20多套异构系统，如何消除“信息孤岛”成为工作难点。财务系统与业务没有集成，无法从财务的汇总数据追溯、分析查询业务数据；同时财务事务处理的工作量大，财务的成本核算精细化难度大。

② 系统单元模块离散，无法实现管理闭环，进而无法实现企业产、

供、销运营协同。基础生产资料混乱，没有统一的基础资料平台。供应商资料混乱，单个供应商多个名称现象严重；基础物料资料混乱，一物多码现象严重；物料清单（Bill Of Material，BOM）配方资料混乱，配方纸质发放无版本管理。部门协同沟通难度大，没有部门协同工作平台。

③ 需求多变性和市场不确定性。在企业产、供、销的各个环节，面对企业管理和客户的需求多变、市场环境的不确定，企业如何实现产品创新是需要解决的难点之一。

④ 人工成本高，操作知识在更新，需要思考节省人工成本，提升人工技能。

项目建设方案

通过“平台 + 工业 App + 工业模型”的应用模式，解决传统的“烟囱式”垂直应用带来的“信息孤岛”和数据融合问题，为企业提供以工业大数据为核心的全生命周期服务。整体架构分为 3 层：边缘接入层、supOS 平台层、工业 App。其中，边缘接入层可实现对控制系统 DCS 数据采集，以及异构系统互联互通；supOS 平台层提供信息全集成、人工智能、工业大数据分析、工业物联的核心能力；工业 App 基于 supOS 平台开发不同领域，在生产运营域、智能分析域、生产过程执行域构建一系列工业 App 与工业模型。

1. 生产运营域

基于生产运营数据集成和分析，将应用分为报表分析与统计功能和可视化看板。报表分析与统计功能通过开发的可视化报表，实现按用户需求显示现场产线设备状态信息、海量生产数据和历史信息分析统计对比数据。可视化看板是可视化管理的一种表现形式，能够一目了然地展示数据、信息的状况，主要用于可视化管理生产，特别是展示现场设备状态和针对生产信息进行的透明化管理。

2. 智能分析域

在洗衣液、洗洁精车间的瓶体编码打印（喷涂）设备上部署工业相机，对传送带上的瓶体编码打印（喷涂）位置进行拍照，通过系统中的机器视觉识别算法识别分析拍摄照片，判断编码打印（喷涂）是否完成，如有漏打漏喷的现象，系统则立即报警或提醒。

3. 生产过程执行域

通过supOS平台上部署的智能制造执行系统MES功能模块（订单管理、生产报工管理、设备台账管理等）的实施，实现对一枝梅生产车间的信息化管理，提高订单业务和工单派发的精准匹配，实现信息化报工替代人工记录，实现设备台账的基础管理和管控。

在生产执行方面，智能制造数字化车间MES项目实现销售业务流程从合同管理开始，已确认的合同将转化为订单，订单信息为生产计划提供相应发票，系统将自动产生票据，进入财务应收账款。数字化车间MES业务流程如图4-11所示。基于supOS平台开发不同领域的主要功能见表4-3。

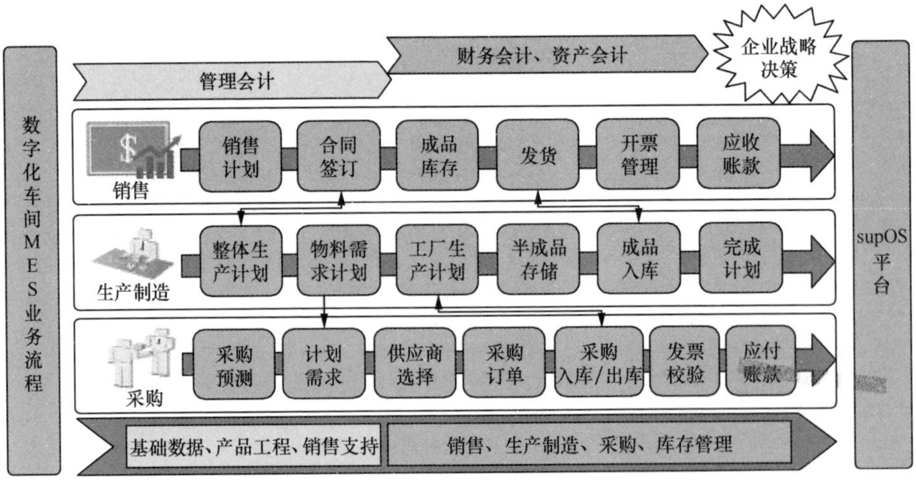

图4-11 数字化车间MES业务流程

表4-3 基于supOS平台开发不同领域的主要功能

序号	业务域	App 名称	主要功能
1	生产运营域	报表分析	数据统计分类显示（按饼图、柱状图、曲线图等形式显示）包括按日、月、季度、年度等分类切换显示生产信息；实时可视化展示和实时监测车间生产环境的温度和湿度；实时展示生产车间设备的运行速度和产能监测；实时显示设备状态信息
2		可视化看板	设备状态监控（OEE 等）；可视化看板的显示位置：综合生产办公室、生产车间产线现场
3	智能分析域	机器视觉识别	对传送带上的瓶体编码打印（喷涂）位置拍照，通过系统中的机器视觉识别算法对拍摄的照片进行识别分析，判断编码打印（喷涂）是否完成，如果有漏打漏喷的现象，系统则立即报警或提醒
4	生产过程执行域	订单管理	根据生产计划，接受或创建工厂生产订单，同时支持对订单分解、顺序调整及进度追踪
5		工单管理	根据生产订单创建生产工单并支持按自制件、成品类型进行分解、工单生产状态管理、工单执行状态跟踪等基本管理
6		出入库管理	根据单据，按仓库类型、物料属性和库位配置关系等策略对出入库的物料进行管理，形成台账记录
7		库存管理	对仓库、库位、库存物料进行管理，包括库存调整、物料查询、物料批次查询及基本的统计分析功能
8		设备台账管理	通过设备基础档案、备品备件、设备操作保养说明文档、采购安装日期等基础信息的管理，对设备资产进行有效管理
9		设备检维修管理	对设备检修计划和检修记录进行有效管理，提供完成作业质量和执行效率，降低设备故障率，提高设备完成率
10		销售管理	报价管理模块接入，价格管控在最前段，订单评审、订单联查、发货管理在业务信息管理系统中实现数据准确、一目了然
11		采购管理	实现价格管理、采购管理、供应商考核纳入业务管理
12		存货管理	管理库存收发、盘点、存货核算等
13		产品结构管理（BOM 管理）	实现产品结构化管理
14		工单管理	主要数据在业务信息管理模块中实现信息化，生产进度、缺料情况一目了然

续表

序号	业务域	App 名称	主要功能
15		批次需求计划管理	自动、快速、准确计算九大量，合理安排计划，快速处理紧急插单
16		应付管理	应付账款，应付和进货直接挂钩，数据稽核准确
17		应收管理	提供应收账款，轻松对账，随时出具应收报表，进行账龄分析
18	生产过程执行域	电子标签管理	体现业务信息管理系统的单据流程签核
19		总账管理	实现国家要求的财务数据管理，提供上市公司所需的各类财务报表
20		自动分录管理	实现自动生成总账凭证，减轻财务制单工作量
21		质量管理	实现进料检、半成品检、成品检管理，自动生成质量报表

建设效果展示

1. MES 生产大屏

安庆一枝梅 5G 数字工厂 MES 生产信息如图 4-12 所示。

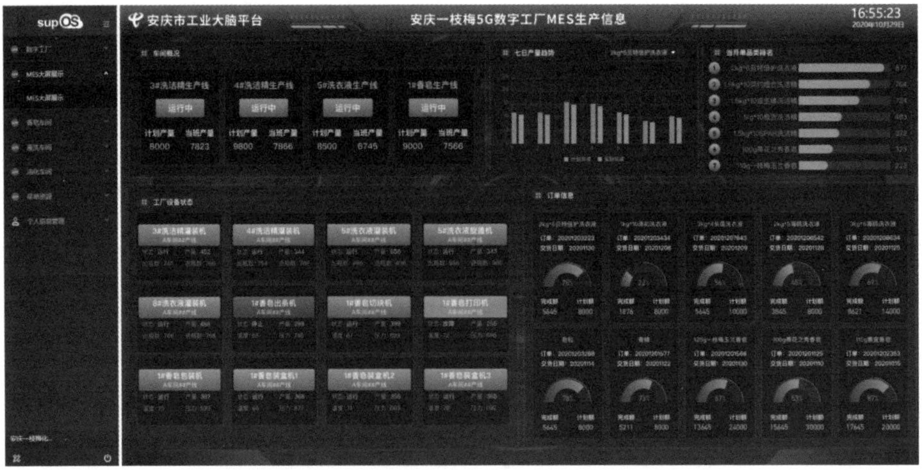

图 4-12　安庆一枝梅 5G 数字工厂 MES 生产信息

2. 香皂车间综合看板

安庆一枝梅化工数字化车间设备实时数据分析如图 4-13 所示。

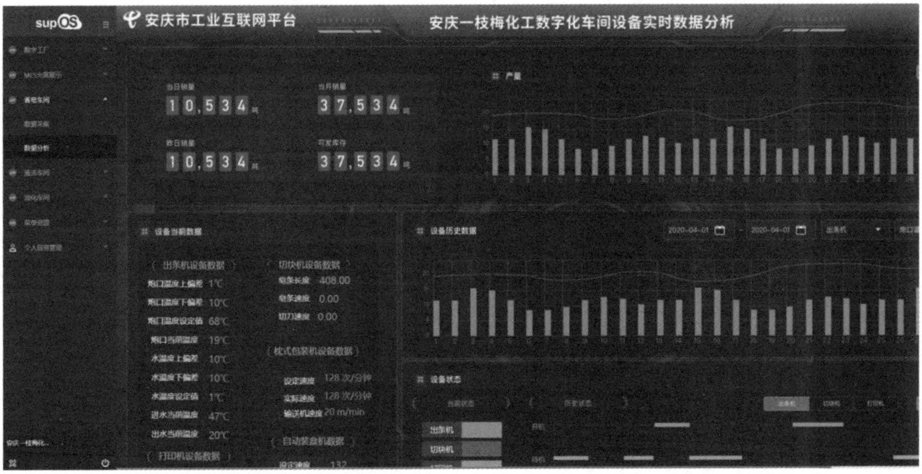

图 4-13　安庆一枝梅化工数字化车间设备实时数据分析

3. 洗洁精车间看板

安庆一枝梅 5G 数字工厂——液洗车间如图 4-14 所示。

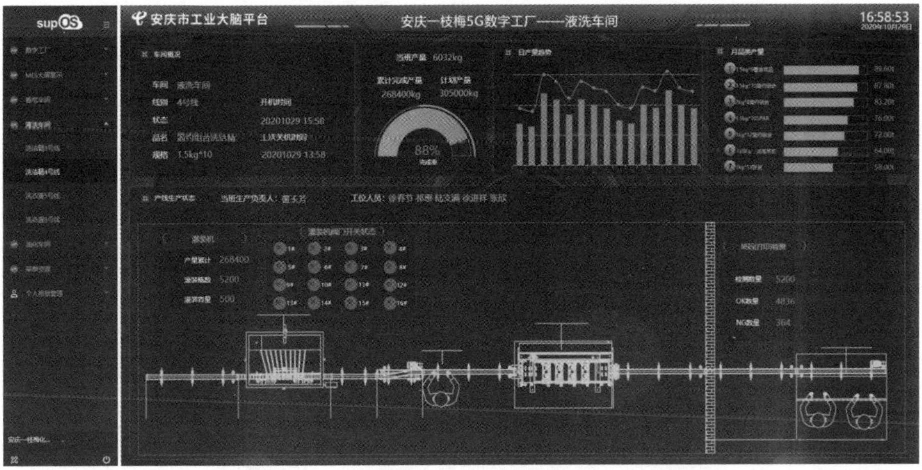

图 4-14　安庆一枝梅 5G 数字工厂——液洗车间

4. 油脂水解工艺监控管理

油脂水解工艺监控管理如图 4-15 所示。

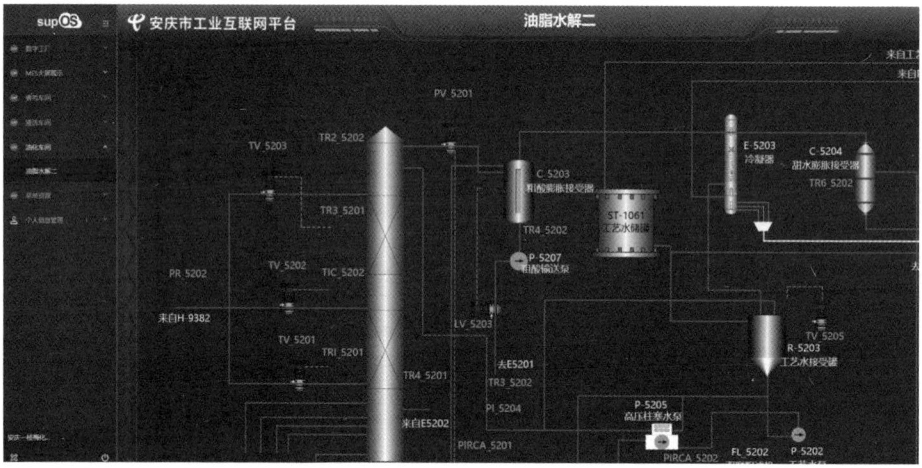

图 4-15　油脂水解工艺监控管理

客户收益

本项目的实施和成功应用，实现企业侧工业大数据集成平台的构建，完成工厂全生命周期的数据、操作和信息的采集和应用，灵活应对需求多变性和市场不确定性，集成异构系统，达到运营数字化、产品与员工数字化的目的，体现了数字化车间特征。公司整体年运营成本降低 25%，产品研制周期缩短 15%，生产效率提高 30%，产品不良品率降低 10%，能源利用率提高 8%。

在异构系统集成方面，公司制造车间数据采集项目采用基于“5G 网络 + 工业互联网平台 + App”的智能制造技术模式，使用蓝卓采集器软件 supCollector，采集器提供多种工业标准数据协议接入能力，例如 Modbus TCP、Modbus RTU 等，满足国内外主流厂家的 PLC 等系统软件的实时数据接入。通过 PLC 和智能数据采集网关将洗衣液、洗洁精车间、制皂装配车间的产线设备状态及生产加工数据通过5G通信网络进行实时采集，并将采集的实时数据上传到安庆“工业大脑”部署的supOS工业操作系统平台上，对设备状态和生产大数据进行清洗、加工、存储、分析、统计之后，以智能可视化展示的形式（例如饼图、柱状图、折线图）将生产现状和产能趋势数据呈现到工厂的智能控制中心系统大屏和车间看板上，主要可视化展示车间现场设备信息、生产过程数据，以及车间各台设备状态、工艺值等。

在运营数字化方面，通过智能化分析应用对集成的海量生产大数据进行全面统计分析，产生能够辅助企业高层进行战略分析和决策的各类图形报表。通过supOS平台上集成的智能制造（MES）功能模块（例如订单管理、报工管理、设备台账），对企业生产制造车间进行信息化管理，提高企业生产效率，实现节能降耗和精益化管理，最终实现企业从自动化到信息化，再到智能化的转型升级，真正实现工业化和信息化的深度融合。

在产品数字化方面，通过5G技术、机器视觉识别算法对瓶体编码打印（喷涂）进行图片识别，大幅提升工业制造企业的自动化业务流程和精细化管理水平，提高产品的研制开发与生产能力，增加企业生产柔性，缩短产品上市时间，提高产品和服务质量水平，增加客户满意度，提高市场占有率。在员工数字化方面，通过移动端产品应用、流程化App、实时数据报警等手段实现员工知识沉淀，减少人工操作，提升人员技能。

附录

工业互联网平台发展的高级形态

2020年8月30日，2020工业互联网大会“5G与工业互联网融合发展”主题论坛于线上举办。

本次论坛以“数字转型，平台赋能”为主题，共同探讨工业互联网新技术、新应用、新模式、新业态。我应邀在论坛上发表了主题为“工业互联网平台发展的高级形态——supOS工业操作系统”演讲。

以下是演讲全文。

大家好，很高兴在这里和各位朋友交流中控蓝卓对工业互联网的认知与实践，可能大家不太了解中控蓝卓。浙江中控技术股份有限公司（以下简称“中控”）是国内最大的工业自动化供应商，是非常了解中国行业和客户需求的智能制造整体解决方案总包商。目前，中控的DCS用户已达2万个。这2万个用户是工业自动化和智能制造解决方案的真实使用者，经历25年的行业打磨和大体量的用户实践，中控对工业互联网的一些产品的理念和认知是非常具有代表性的。

目前，中控在工业领域已经9年蝉联DCS中国榜首，而且在三大细分领域位居第一。在油气、石化、核电、建材、电力等方面均有所涉及，尤其在号称“工业之母”的重化工领域，中控也是首屈一指。

再讲讲蓝卓公司，蓝卓工业互联网是在中控科技集团25年的沉淀基础上成立的专门从事工业互联网、大数据、人工智能等数字智能业务平台和解决方案提供商，创始人是褚健，蓝卓公司在2018年获得首轮由国投、万向领投的3.3亿元融资，蓝卓认为，做好产品才是最重要的。

蓝卓的核心产品就是自主研发的supOS操作系统，这是中国首个具备自主知识产权的工业操作系统。这里要特别强调一点，在当前的国际形势下，我相信具有自主研发和自主知识产权的产品在国内非常重要，蓝卓目前已经覆盖了24个省（自治区、直辖市），17个行业，包括石化、建材、冶金等，这些是我们的优势产业，同时也涉及园区、医药、造纸、装备制造、电子制造等领域。

不管是流程型企业还是离散型企业，这些企业都对工业互联网有诉求。那行业内存在的普遍痛点是什么？首先是企业内一些生产设备和生产数据的“孤岛式应用”，不仅大量设备老化，而且新旧设备没有统一的接口，各式各样的协议导致很多企业想做工业互联网，却苦于没有能力去解决这些问题。我曾经去某家企业调研，这家企业竟然有100多套系统。这些系统非常庞杂，使用起来也不方便，整体上这家企业的数据化和软件系统没有为之带来很大的价值提升，反而深陷于层出不穷的问题中。这种“孤岛式”的、没有形成一体化的系统是企业的一大痛点。

我认为行业有两个趋势。

第一个趋势是平台统一化，根据中国信息通信研究院的统计，行业内有400多个工业互联网平台，这些平台之间存在大量同质化现象，整个工业互联网平台的底座，包括PaaS层、IaaS层的应用相差无几。我认为工业互联网各个平台厂家都应该进行优化，可以用一个统一的互联网平台去优化这些应用，客户只需要在这个统一平台上去关注自己需要的应用。

第二个趋势是去技能化。很多工业企业并不需要特别了解工业互联网，建设一个互联网平台并非自己的主业，我认为可以打造一个工业操作系统使企业去技能化，让企业不需要太关注工业互联网的底层并且能够使用工业互联网。

基于上述现状，我们提出“建设工业互联网新引擎，以工业操作系统为核心，链接和赋能产业生态”。蓝卓的理念是用 supOS 工业操作系统 + 工业 App 生态去赋能客户（包括工程、行业专家、用户伙伴等），再集合产业生态，高效整合工业软件资源，打造开放平台与产业生态，从而为工业带来智能赋能。

同时，我们认为该工业操作系统应该强化技术融合，蓝卓也一直坚持工业互联网不仅是“OT”或“IT”，而且是“PT+ET+AT+OT+IT”。也就是说，结合工业技术、设备技术、自动化技术、OT 和 IT 打造的平台才是真正的工业互联网平台。因此，我们提出工业操作系统是工业互联网平台纵深发展的高级形态。新一代的工业互联网平台相较于传统平台，在完整度上比传统工业互联网平台更加完整；在匹配度上，更加适用于工业；技术能力更强、应用范围更广、客户也更易上手。

蓝卓构建的 supOS 工业操作系统的亮点包括以下 5 点。

第一，IT 建设思路从供给侧思维、需求侧思维转变为平台思维，通过平台去构建整个数字化转型的底座。

第二，用“平台 +App”“数据 + 算法”的能力去构建智能制造的新模式。

第三，打造透明工厂、口袋工厂。对客户来讲，可以通过平台去构建适合自己的开发环境和 App，还可以将“企业数据”进行横向与纵向的打通。

第四，通过数据驱动业务及通过多系统融合、单平台维护，降低企业硬件和软件的运维成本。

第五，通过新技术去构建一个新生态。

我们形象地把 supOS 工业操作系统称为工业界的“Android”。该系统包括底层的物联套件，实现各种数据和设备的连接采集，构建在工业操作系统之上（PaaS 层），包括数据服务、模型服务、存储服务、计算服务、流程服务及开发工具、大数据分析服务和大数据人工智能算法等。为企业构建过程监控的 App、生产管理 App、经营管理 App 和辅助决策 App 等。另外，我们还有基于企业的其他相关的 App 应用，都可以进入这个平台。值得一提的是，该平台的安全防护体系是非常强的，这也是基于工业化工的重要性考虑。黎巴嫩贝鲁特港口发生爆炸事件，再次警醒我们化工行业安全领域的重要性，这也是我们坚持并投入大量精力去做的事。

supOS 工业操作系统的核心平台包括工业全信息的集成平台、工业数据资产管理平台、智能服务运行管理平台以及工业大数据分析平台、工业人工智能引擎服务等。此外，还有工业 App 应用商店、App 开发环境和工业移动应用协同平台以及工业互联网云的平台服务。

此外，我们也在积极发展 supOS 生态。supOS 工业操作系统是一个底座，其上层应用分为三类：一是根据我们的能力和经验打造的行业“杀手级”应用；二是客户可以基于自己的能力去开发所需的 App；三是我们的生态合作伙伴提出的应用。目前我们已经发展了 300 多家合作伙伴，包括 ERP 厂商、MES 厂商、业务专家等。全生命周期的应用合作伙伴都集中在 supOS 工业操作系统之上。

目前，蓝卓赋能三级创新发展体系，分别是区域、园区和企业。第一是我们为区域打造的是区域智能化改造公共服务平台或创新服务平台，包含多个产业集群服务子平台；第二是工业园区服务平台；第三是针对重点企业工业互联网平台，我们为其打造的私有化平台或专有化平台。

基于工业互联网创新中心的体系，我们也有本地的服务生态，包括平台运营方、本地应用服务商、平台推广商等。我们打造了不同的产业集群，在舟山、丽水、宁波、嘉兴、安庆等地都落地了工业互联网。在宿迁、成都等地建设了工业互联网园区，同时，依托企业级工业互联网园区平台，我们服务了海螺水泥、京博石化、广东石化等企业。

在区域服务平台上，我们也有非常多的实际应用，包括工厂安全环保驾驶舱，可以对整个市区内的所有工厂安全提供监控和应用。在园区服务平台上，可以提供园区驾驶舱、应急联动、安全监控、封闭管理、环境生态企业服务等。另外，基于工业操作系统，底层的数据链接，包括物料、工厂、数字设备全部连接，上层则打造一些企业的公用 App。另外，我们针对企业在安全监控、智能仓储，包括移动智能 App 车辆管理、设备管理等进行全生命周期管理。

经过调研、分析、融合，我们打造了京博石化的大数据平台的体系架构，项目的主要成果是接入了 20 万点实时数据，集成了 30 余个异构系统，接入了近 100 路视频设备，构建了 10 个大类 52 个子项工业 App。企业提高了 20% 产品产量，减少了 90% 人力成本，预见 20% 异常发生的可能。

另外，我们建设了海螺水泥智能工厂，该智能工厂基于 supOS 的 AI 智能语音实现无接触式调度、智能监控。我们进行了标准化采集，统一门户，打通管理流程，打造了一些水泥 App。通过“工业操作系统 + 5G + AI”应用，能够识别人员与设备状态、进行特定场景的软测量、在线质量分析和操作规范等监控，最终为海螺水泥带来了很大的价值。

我认为，在新一代信息技术和国家转型升级的关键阶段，在当前国际大环境下，打造具有自主知识产权的工业操作系统是目前国内非常重要的事情，而工业互联网是推进整个工业进行转型升级的一个关键点，希望蓝卓通过自主产权研发的工业操作系统助力制造业高质量发展，为企业带来更大的价值。

工业互联网时代下的产品设计和研发运营体系建设经验分享（工业企业篇）

互联网正在从消费者互联网走向工业互联网，无疑，一个精彩纷呈的工业互联网时代即将开启。

这个时代要求我们必须按照工业互联网时代的思维去思考和生活，按照工业互联网时代的要求和标准去开展产品设计和研发运营体系建设。

对于制造业来讲，工业互联网通过具有环境感知能力的各类终端，获取产品各类数据，包括传感信号、位置信息和工况数据等。通过通信技术对数据进行采集、分发、解析和存储、应用，具体包括构建信息管控平台、设备监控平台等。

但是随着互联网技术的发展，工业正在经历一个从粗放到精益、从传统到现代的过程，以互联网为主的一整套信息技术（包括互联网、移动互联网、云计算、大数据等），在经济、社会、生活等环节扩散、应用，互联网领域中的产品是满足互联网用户需求的无形载体，是满足用户需求而创建的用于运营的功能及服务，是产品功能与服务的集成。工业互联网时代的产品设计、研发、运营必须突破原有思维，不要拘泥于以往的模式，必须重新构建思维体系，打造时代的产品，构建时代的研发运营体系，才能保证伫立在时代前沿，不被时代淘汰。

一、工业互联网生态圈产品设计

1. 总体介绍

工业互联网的产品设计遵循互联网行业产品的规划设计原则，提供包括软、硬件产品的设计，结合传感器、GPS、数据中心、云平台、Docker等技术，倡导平台产品的平台化、微服务化，为不同层次、不同领域的客户提供PaaS/SaaS产品，基于Web、iOS、Android等平台的移动式产品，以及定制和非定制化的车载终端、硬件设备和大数据应用等服务，致力于打造工业互联网行业生态圈。

工业互联网生态圈的产品设计，按照环状结构，由外而内层层深化，由内而外层层开放，层与层之间相互依赖，互为支撑和扩展，每一层均可为特定用户提供核心产品，既自成体系又高内聚低耦合，保证了每层核心功能的独立和不可替代性，也为产品的打造提供真实有效的体系支撑。

2. 数据中心

数据中心作为整个体系的核心架构，既针对底层进行数据的采集、分析、优化和存储，又为各个数据层提供快速有效的实时支撑。数据中心采用云计算平台、分布式架构和模块化设计，具有可配置性、扩展性、兼容性和持续升级能力，能够适应用户规模增长、新应用配置和新业务需求的不断变化。该架构的技术优势是系统平台将数据处理和业务处理做了分离，数据处理放在PaaS层，业务处理放在SaaS层。此架构的设计充分保证了数据安全，提高了平台的可靠性和稳定性，降低了业务系统的开发/定制成本，多级负载均衡的体系使平台提高了海量数据处理能力和可伸缩性。

3. “Docker+微服务化”

用“Docker+微服务化”作为架设本层生态圈的主要技术，其主要目的是不论以何种形式实现（接口、API、PaaS、SaaS化等），都为真正的互联网化服务提供数据支撑接口。

本层的目的是利用数据中心各种类型的数据提供透明式服务，既要求上层调用方便、快速、有效，又要求平台可移植、快速响应、容器化及交互公正明确。无疑，“Docker + 微服务化”的设计是最合适的。

其一，Docker 已经为企业和开发者提供了极大的便利。例如，降低系统部署复杂度，使系统维护更加容易，减少不必要的系统开销，加快企业对业务的反应速度。

其二，微服务是一种架构类型，属于轻量级的面向服务体系架构。这些服务都是严格专注于执行同一件事并把它做好，在产品设计中可以将底层功能设计成由单个微服务实现的。每个微服务都有单独的运行线程，并且可以独立于其他微服务进行部署。同样，虽然每个微服务都有自己的专用数据库，但是每个微服务都会与其他微服务进行协作与沟通。

Docker 的设计和应用可依托分布式开源管理框架进行设计，包括 kubernetes、Mesos、OpenStack 等。目前，行业主流的 Docker 云平台基本上是基于开源平台进行的二次开发。

此外，使用微服务作为主要架构类型的系统是一个拥有大量协调微服务的分布式系统，每个微服务分管自己的进程。由于微服务之间协作紧密，每个微服务只提供“拼图”的一小块，而系统是完整存在的。各平台在协作时，各服务彼此通过一个不绑定具体平台的轻量级媒介进行沟通。

4. 客户化应用

在数据中心的基础上，对于已经完成微服务的系统架构来说，下一步的工作就是尽可能地开展客户化应用，针对不同的领域、对象、种类、范围进行产品功能设计，但需要注意的是，不同的应用对象不应该打造同质化的产品，而是要有针对性地设计和开发。

客户化应用平台按照服务不同的对象类型，将整个系统划分为 3 个平台，分别是主机厂应用服务平台、大客户应用服务平台、真正的互联网移动客户端。

（1）主机厂应用服务平台

该服务基于工业互联网系统建立，为主机厂的科研机构和营销机构提供的产品服务包括生产过程、运输、销售、使用等全生命周期的实时跟踪监控和数据统计。主机厂应用服务平台的功能模块包括位置监控、轨迹回放、工况参数监控、工作时间统计、报警分析、故障统计等。主机厂应用服务平台功能模块如图1所示。

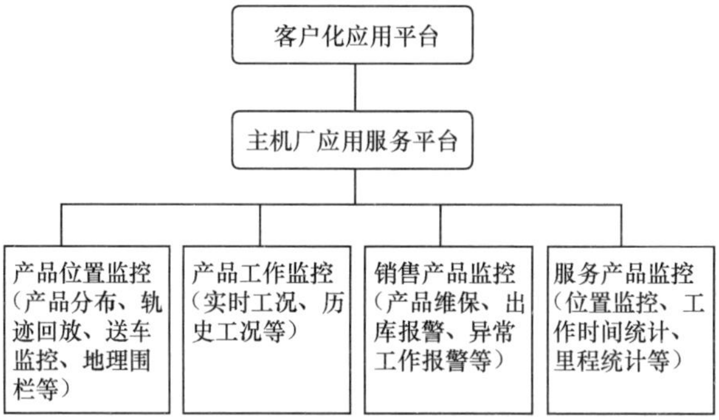

图1　主机厂应用服务平台功能模块

（2）大客户应用服务平台

该平台是为主机厂的终端客户定制化实施应用服务平台，为终端客户企业实时提供所购产品的位置和工况数据，为企业的生产调度提供数据服务及支撑其ERP等企业信息化系统。大客户应用服务平台功能模块如图2所示。

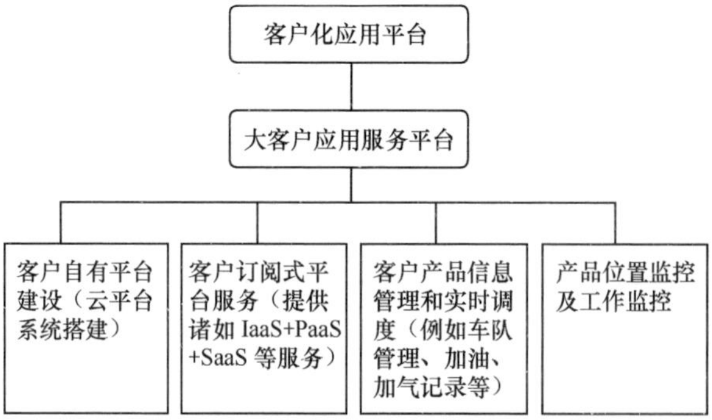

图2　大客户应用服务平台功能模块

（3）真正的互联网移动客户端

致力于打造一个真正的互联网式的移动客户端App，推出iOS、Android和微信版，为行业内的各个工作群体提供及时有效的服务。互联网移动客户端不再局限于产品本身的监控，而是扩展到各个领域，包括电商、位置服务、社区/社交、金融、新闻和后市场等。此平台秉承于所在行业，借助互联网的产品思维和运营模式，旨在打造一个行业内的真正的移动客户端。

真正的互联网移动客户端是一个工具，涉及行业的很多方面，着力打造这样一款产品，也是顺应行业发展，适应互联网生态环境的必然要求。互联网移动客户端功能模块如图 3 所示。

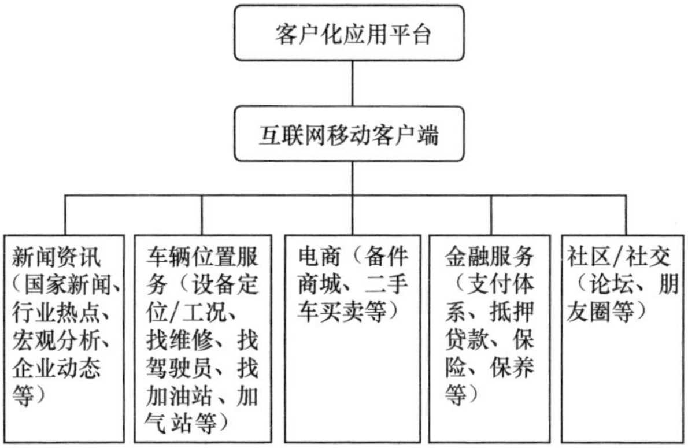

图 3　互联网移动客户端功能模块

5. 用户行为分析及大数据应用

互联网时代要求我们必须尽可能正确、快速、有效地获取用户的使用信息，对有关数据进行统计、分析，从中发现用户使用产品的规律，并将这些规律与产品策略等结合，从而发现目前使用产品的活动中可能存在的问题，并为进一步修正或重新制订产品策略提供依据，同时为客户提供及时的预知服务、信息推送及活动预判提供可能。

一切的用户行为分析都离不开场景，只有制订出详尽的用户使用场景，才能达到以上目的，包括收集客户位置、购买习惯、个人喜好、访问周期及用户群体和消费习惯等。这些信息的获取非常重要。

针对大数据应用，按照用户类型，几大平台的大数据应用各有不同，需要打造商业智能分析服务，具体包括出厂产品在各地区的分布情况（产品分布）、产品在各地区的总工作时间统计（热点工作区域）、故障反馈统计等。最终达到辅助主机厂科研机构提高科研质量，帮助营销部门管理销售产品，从而达到加强主机厂企业竞争力、降低管理成本的目的。另外，针对大客户应该收集客户生产经营活动中的各类重要数据，例如生产资料信息、实验室数据、车队管理日志等，一方面可以作为存储备用，另一方面也可以预判大客户的行为，进而为销售提供依据（例如客户数据显示缺少某材料或设备，销售人员就可以实施销售行为）。

6. 智能化设备

工业互联网产品的实现离不开相关智能化硬件，这些智能化硬件或是 GPS 终端，或是行车记录仪，或是针对某一工业领域的传感器，它们的作用就是采集产品位置信息、工况信息和传感器数据，通过移动通信网络（GPRS/GSM）等方式传输至后台。在这个过程中，智能设备是基础设备，其耐受性、安全性和抗干扰性等特性非常重要，一般使用工业级产品。下面介绍几款常用的工业级智能化设备。

（1）通用型无接线隐藏式 GPS 终端

此设备的特点非常突出：容易安装、调试和维护；可定位和上传数据；电池一般可用 3 年；可通过终端上配置的唯一二维码，结合产品编号、车牌号、发动机编号进行绑定入网；结合 App，适合搭配移动 App 打造真正的互联网化产品。通用型无接线隐藏式 GPS 终端如图 4 所示。

图 4　通用型无接线隐藏式 GPS 终端

（2）接入型 CAN/ 串口 GPS 终端及配件

此设备通过与产品底盘、发动机或控制器对接（CAN/ 串口），获取工况数据，通过 GPRS 网络传输到数据中心，主要用于产品定位和获取工况。接入型 CAN/ 串口 GPS 终端及配件如图 5 所示。

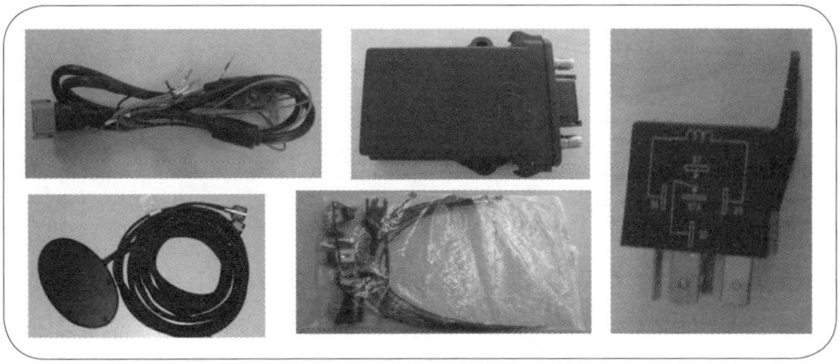

图 5　接入型 CAN/ 串口 GPS 终端及配件

（3）双模双协议双存储行车记录仪

目前，国家要求所有货运产品必须安装行车记录仪，但许多主机厂也有物联网 / 车联网管控的需求，许多主机厂的解决方案就是在设备上安装 2 个设备（GPS+ 行车记录仪）。该设备可以完成这些基本功能和要求，并且实现双模双协议双存储空间，做到了降低成本，优化高效。双模双协议双存储行车记录仪如图 6 所示。

（4）车载屏

车载屏作为车联网重要设备，起到数据传输、信息交互的作用。车载屏功能清单如图 7 所示。

图 6　双模双协议双存储行车记录仪

（5）其他相关智能化传感器

其他传感器座位相关整车的传感器，通过安装在产品上，获取车辆传感信号，通过智能终端设备传输至数据中心。相关智能化传感器如图 8 所示。

图 7　车载屏功能清单

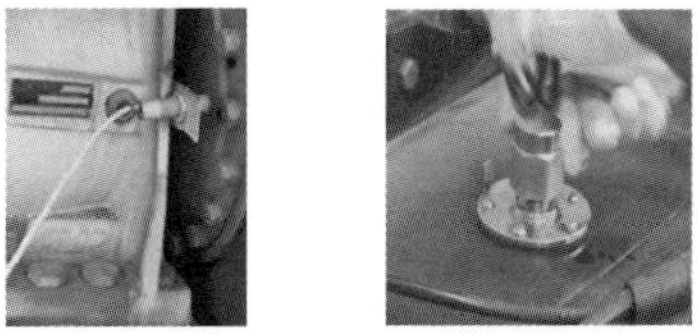

图 8　相关智能化传感器展示

二、工业互联网生态圈研发运营体系建设

1. 总体介绍

工业互联网时代下的研发运营体系是一个非常重要的课题，如何正确、快速、高效地搭建研发运营体系，并适应这个时代的需求，是产品快速响应、快速适应市场的关键所在。

传统的软件组织将开发、IT运营和质量保障设为各自分离的部门。在这种环境下如何采用新的开发方法（例如敏捷软件开发）是一个重要的课题。按照从前的工作方式，开发和部署不需要IT支持或QA深入的、跨部门的支持，却需要极其紧密的多部门协作。

因此，在工业互联网时代，我们倡导开发运营一体化，DevOps技术是必然的选择。

DevOps是Develop与Operations的缩写，它是企业内开发、技术运营和质量保障这3个方面工作的融合，可用于促进开发、技术运营和质保部门之间的沟通、协作与整合。研究显示，在那些引入DevOps概念的企业中，开发与运营人员在设计、构建、测试工作中共同在内部应用上进行协作之后，可以将产品开发的效率提升20%。

具体DevOps的实施路线如下。

① 明确DevOps的定义，调动开发和运营部门之间的协作，鼓励运营人员采纳软件开发方法，并利用云计算基础设施来完成真实的测试和代码部署。

② 在软件开发、测试、质量保证、集成、预生产和生产部署等方面的任何旧（小）团队必须打散，因为每个旧（小）团队都可能拖延开发周期并且带来不可预料的问题。

上述策略能够更好地整合开发和运营人员，通过整合团队成员来提高经济效益。

2. 研发体系建设

产品是否适应市场的变化，是否能够满足客户的需求，是否快速响应

等，这些都是考验研发体系的标准，因此，企业需要构建一套适用于互联网时代需求的产品研发体系。

下面介绍一下目前流行的产品研发体系。

（1）设计原则及规划

完整的流程分层次设计，自下而上去完成。

① 策略层：定义产品使命、价值、目标人群。

② 愿景 / 功能层：定义核心场景、功能列表。

③ 结构层：做流程图、信息架构，确定主导航、主菜单。

④ 框架层：梳理每一个主界面的内容、布局。

⑤ 表现层：视觉设计，涉及图标、配色、切图。

（2）设计研发流程

设计研发流程遵循一般互联网公司产品设计流程，其整体结构非常适合打造工业互联网行业的相关产品。产品设计研发流程见表 1。

表1　产品设计研发流程

序号	阶段	职责部门及人员配置		说明	交付物
		相关方	责任人		
立项阶段	市场调研	产品组	PM	结合业务，开展市场调研、竞品分析、收集分析数据	《市场调研分析报告》
	需求分析	产品组	PM	根据调研结果，形成产品需求说明，罗列产品功能需求	《产品功能需求》
立项阶段	需求评审	产品组 UE 组 开发组 市场组	PM	产品经理结合市场调研和《产品功能需求》与 UE 组、开发组、市场组沟通产品可行性	《产品需求评审纪要》
需求阶段	PRD 制作 DEMO 评审	产品组 UE 组 开发组 市场组	PM	UE 组、开发组、市场组根据产品需求设计产品 DEMO。产品经理根据 DEMO 演示对产品实现方案的技术指标和时间要求进行评估	《产品需求文档》 产品 DEMO 《PRD 评审纪要》
	实施设计	产品组 UE 组 技术组	PM UI 开发人员	UI 和开发人员根据确定后的《产品需求文档》和产品 DEMO 实现产品 UI 设计和技术方案	产品 UI 《产品技术开发方案》

续表

序号	阶段	职责部门及人员配置		说明	交付物
		相关方	责任人		
需求阶段	实施评审	产品组 UE组 技术组	PM UI 开发人员	对产品UI和《产品技术开发方案》进行评审	《产品技术开发方案评审纪要》
开发阶段	产品开发 产品测试	产品组 UE组 技术组 测试组	PM UI 开发人员 测试人员	开发人员开发产品（敏捷），测试组对模块进行逐一测试，集中测试，并检查技术指标和功能指标	《产品新功能说明》 《测试报告》 《集中测试分析报告》
上线阶段	内部发布	产品组 UE组 技术组 测试组	PM UI 开发人员 测试人员	对经过集中测试的产品进行灰度发布，收集用户反馈信息和体验报告，评估及分析是否能正式发布	《用户体验报告》 《用户包馈信息跟进表》
	正式发布	产品组	PM 产品运营	对产品从立项、试点到推广，对该产品进行全面的总结分析，形成《产品总结分析报告》	《产品总结分析报告》

（3）敏捷开发

敏捷开发（Agile Development）是一种以人为核心，迭代循序渐进的开发方法。

我们大部分人都学过瀑布开发模型，它以文档为驱动，这是为什么呢？因为在瀑布的整个开发过程中，需要写大量文档，把需求文档写出来后，开发人员根据文档进行开发，一切以文档为依据；而敏捷开发只写有必要的文档，或尽量少写文档，敏捷开发注重的是人与人之间面对面的交流，所以它强调以人为核心。敏捷开发方法强调以人为本，专注于交付对客户有价值的软件。在高度协作的开发环境中，使用迭代方式进行增量开发，经常使用反馈进行思考、反省和总结，不停地进行自我调整和完善。

3. 运营体系建设

运营体系的建立离不开数据中心的运维和产品的运维。其中，数据中心的运维遵循一般性云平台的运维思路，提供包括数据中心、为客户化、

IaaS、PaaS、SaaS 等运维，为上层产品应用提供必要的支持。本小节重点讲述互联网产品的运营。产品运营—改变—创新模型如图 9 所示。

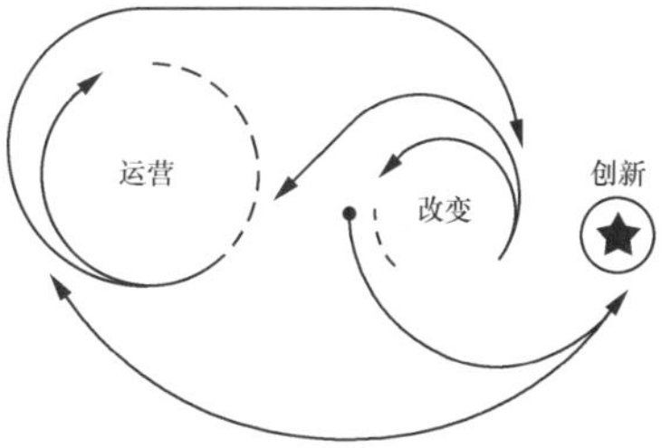

图 9　产品运营—改变—创新模型

（1）运营思路

世界上的任何东西，在发生相互之间的传递、转化时，一定会导致损耗，换句话说，你投入的资源不可能完全转化为你想要的东西。在产品设计中也是一样，再好的产品也不可能达到 100% 的转化率。AIDMA 模型如图 10 所示。

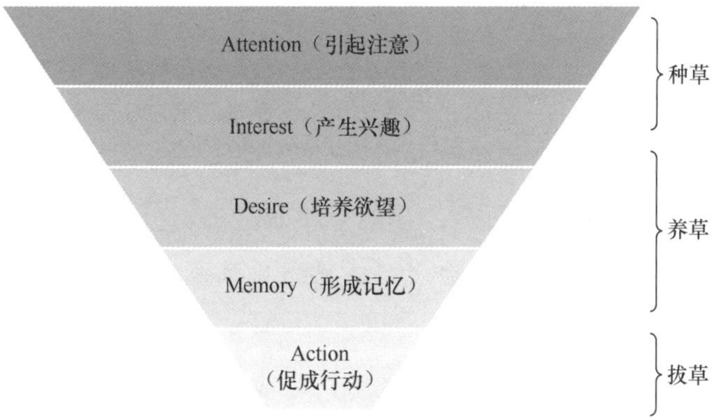

图 10　AIDMA 模型

AIDMA 模型普遍适用于互联网产品：网站、App、客户端，用户从刚进入到完成产品经理设计的产品目标，中间的步骤肯定会发生损耗，在很多时候，这个损耗还很大。例如，用户进入一家电商网站，到浏览商品，到把商品放入购物车，最后支付，每一个环节都有很多用户流失，没有产品能够做到 100% 的转化。

因此，产品运营人员要对用户群体进行有目的的组织和管理，增强用户黏性、用户贡献和用户忠诚度，有针对性地开展用户活动，增加用户的积极性和参与度，并配合市场运营需要进行活动方案策划。因此，需要能对产品和市场数据进行分析，并以此为依据推进产品改进，并且始终保持敏锐的用户感觉。

（2）运营方法

① 运营方法划分。产品运营方法划分如图 11 所示。

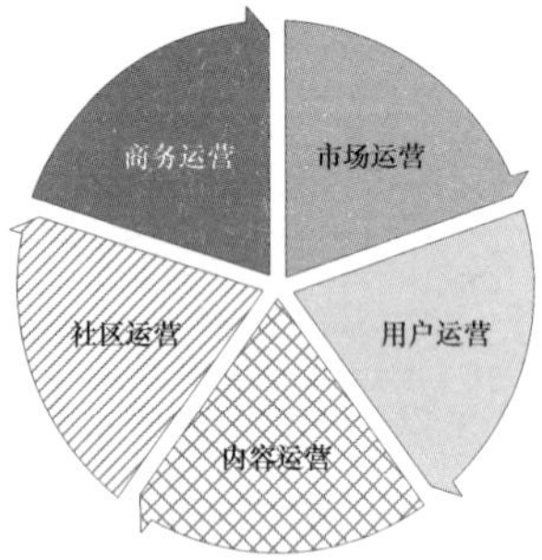

图 11　产品运营方法划分

② 运营手段。

a. 拉新：这是为产品带来新用户。

b. 留存：这是要通过各种运营手段确保用户被拉到产品和站点之后，最终愿意留下来使用产品。

c. 促活：即“促进用户活跃”，让用户使用意愿更频繁、更开心、更长时。

③ 运营方法细分。

a. 发现用户：为用户画像，开展调查、需求分析等工作，你需要理解产品，并能够找到适合产品的用户群体。

b. 以合理的成本发展用户，让他们使用产品。开展市场投放、渠道拓展、商务合作、内容编辑、社会化媒体策划活动等，同时可以找专业的第三方机构去推广和运营产品。

c. 保持用户持续使用产品。开展用户运营、社交运营、社区运营等。

d. 保持用户在不使用产品时的联系。开展产品召回、微博微信运营，持续关注反馈，并且与其他产品展开商务合作等。

工业互联网时代如何进行产品设计和研发运营体系建设是一个重要课题，对于身处工业互联网行业之中的我们更需要好好研究，工业制造业秉承工业互联网的东风，越来越成为国家的关注点，基于工业互联网时代下的产品设计和研发运营体系建设将具有重要的研究价值。

希望各家企业在工业互联时代下用互联网的思路和方法设计产品，并就时代发展和行业特点，开展研发运营体系建设的讨论和研究，对工业尤其是制造业、生产企业的发展带来益处。